아시아 신화는 처음이지?

아시아 신화는 처음이지?

김남일 지음

|주|자음과모음

차
례

책머리에 **8**

1장 ⋯⋯ 세상이 처음 생겼을 때

2장 ······ 인류 탄생의 비밀을 찾아서

3장 ······ 인간, 시련을 극복하다

4장 …… 인간과 자연의 아름다운 공존

5장 …… 인간의 탐욕이 불러온 재앙

6장 ······ 영웅을 만든 민족, 영웅이 만든 나라

7장 ······ 죽음과 맞서 싸운 영웅들

아시아 신화의
흥미진진한 세계

책을 쓰는 동안 우리나라 영화배우가 미국 할리우드 영화에, 그것도 엄청난 인기를 끈 이른바 마블 시리즈에 출연한다는 소식이 화제를 모았습니다. 이 배우는 영화에서 '길가메시'라는 히어로 역할을 맡을 예정이라고 합니다. 길가메시라는 이름이 단박에 눈길을 끌었는데, 저로서는 반가운 한편 '마침내 길가메시까지!'라는 생각이 들었습니다.

사실 그동안 할리우드에서는 그리스·로마 신화를 소재로 한 영화를 적잖이 선보였습니다. 최근 들어서는 그 범위를 더 넓혀 흥행 몰이를 이어 갔습니다. 예컨대 〈반지의 제왕〉과 〈토르〉 시리즈는 북유럽 신화에 근거를 두거나 그 주인공들을 직접 끌어들인 작품입니다. 〈나니아 연대기〉와 〈해리 포터〉 시리즈도 북유럽 신화와 켈트 신화의 영향을 많이 받았습니다. 그런데 이제 할리우드 영화 제작자들은 한 걸음 더 나아가 유럽 이외 지역의 신화에까지 깊은 관심을 보이고 있습니다.

우리나라에도 개봉한 바 있는 애니메이션 〈모아나〉는 남태평양 신화에 등장하는 '마우이'라는 말썽꾸러기를 주인공으로 내세운 작품입니다. 전 세계에서 크게 흥행한 영화 〈아바타〉는 인도 신화에서 아주 중요한 비중을 차지하는 '아바타', 즉 '화신'이라는 개념 없이는 상상하기 힘든 작품입니다.

이런 것들은 긍정적인 변화라고 할 수 있습니다. 왜냐하면 그동안 우리는 '신화' 하면 거의 반사적으로 그리스·로마 신화만 머릿속에 떠올릴 정도였으니까요. 아마 집집마다 그리스·로마 신화 책이 한두 권 정도는 있을 것입니다. 하지만 책꽂이에서 중국 신화나 일본 신화 관련 책을 그만큼 찾을 수 있을까요? 나아가 동남아시아나 중앙아시아 혹은 중동의 신화는요?

앞서 언급한 길가메시 역시 세계 4대 문명 발상지 중 하나인 메소포타미아의 대표적인 신화 영웅입니다. 그는 몸의 3분의 1이 인간이고 3분의 2가 신으로, 우루크라는 도시국가를 다스리는 왕이었습니다. 그는 친구와 함께 삼나무 숲을 지키는 괴물과 싸워 이기고 신이 보낸 하늘의 황소도 간단히 물리칩니다. 그렇지만 그런 그도 100퍼센트 신은 아닙니다. 3분의 1이 인간이기 때문에 그에게도 피할 수 없는 운명이 다가옵니다. 바로 '죽음'이지요.

길가메시의 모험담을 엮은 「길가메시 서사시」는 그가 필멸의 운명을 거부하고 영원히 죽지 않을 영생의 길을 찾아가는 이야기를 그려 내고 있습니다. 아름다운 문장과 파란만장한 스토리 그리고 굉장히 깊이 있는 주제를 담고 있어서 그저 하나의 신화로서뿐만 아니라 인류의 위대한 고전문학으로서도 대접을 받고 있습니다.

이처럼 그리스나 로마 말고도 신화의 세계는 아주 넓습니다. 인구가 많건 적건, 잘살건 못살건, 어떤 민족에게나 나름의 신화가 있게 마련이지요. 그리고 그 신화의 내용도 아주 다양하지요. 세상은 처음 어떻게 만들어졌나, 그 세상은 어떤 모습이었나 하는 것부터 인간은 언제 어떻게 생겨났고, 또 누가 민족의 시조가 되었고, 누가 나라를 세웠는가 하는 것들이 두루 신화의 내용을 이룹니다.

아시아 각 민족의 신화들도 마찬가지이며 그리스·로마 신화 못지않게 흥미진진합니다. 거인의 몸을 잘라 세상을 만들었다든지, 처음에는 하늘에 해와 달이 두 개 혹은 세 개씩, 심지어 열 개나 떴다는 이야기, 그리고 그 시절에는 나무가 말하고 바위가 걸어 다녔다는 이야기도 수두룩합니다. 물론 우리의 단군이나 주몽, 혁거세와 같이 민족과 나라를 세운 영웅의 이야기도 무척 많습니다.

그런 다양한 이야기 중에서도 '죽음'은 신화의 가장 주요한 소재입니다. 어쩌면 인간에게 죽음이 있어서, 그러니까 인간은 죽음의 공포와 허망함을 피할 수 없어서 신화라는 탈출구를 따로 만든 것인지도 모릅니다. 아시아 각 민족의 신화는 특히 이런 점에서 그리스·로마 신화 이상으로 아주 다양하고 심오한 이야기를 들려주고 있습니다.

부자고 빈자고 상관없이 사람은 다 귀한 존재이듯 신화도 마찬가지입니다. 그리스·로마 신화만이 세계 신화를 대표한다고 생각해서는 안 됩니다. 특히 우리는 아시아에 살고 있으면서도 아시아 신화의 세계에 대해서 아는 게 너무 없습니다. 이래서는 아시아를 제대로 이해한다고 말할 수 없습니다. 예를 들어 이 책에서 살짝 소개한 「라마야나」와 「마하바라타」를 읽고 나서 인도나 동남아시아로 여행을 떠난다면, 여러분은 아마 스마트폰으로 들여다보는 그저 그런 여행 정보 몇 가지를 더 아는 것하고는 전혀 다른 뿌듯함을 느낄 것입니다.

이 책이 여러분을 흥미진진한 아시아 신화의 세계로 이끄는 길잡이 구실을 할 수 있기를 바랍니다.

2020년 겨울
김남일

1장

세상이 처음
생겼을 때

민족에 따라서 맨 처음의 세상,
즉 '태초'에 대한 생각은 다를 수밖에 없습니다.
아시아 민족들은 태초의 세상을 어떻게 상상했을까요?

까마득한 날에
하늘이 처음 열리고

까마득한 날에

하늘이 처음 열리고

어데 닭 우는 소리 들렸으랴.

모든 산맥들이

바다를 연모해 휘달릴 때도

차마 이곳을 범하던 못하였으리라.

끊임없는 광음을

부지런한 계절이 피어선 지고

큰 강물이 비로소 길을 열었다.

지금 눈 내리고

매화 향기 홀로 아득하니

내 여기 가난한 노래의 씨를 뿌려라.

다시 천고의 뒤에

백마 타고 오는 초인이 있어

이 광야에서 목 놓아 부르게 하리라.

이육사 시인의 유명한 시 「광야」입니다. 알다시피 이육사는 일제강점기에 독립운동을 하다가 여러 번 투옥된 바 있습니다. 최후도 중국 베이징의 일본 영사관 감옥에서 맞이했지요. 그런 만큼 이육사의 작품 중에는 조국에 대한 간절한 애정을 바탕에 깔고 있는게 적지 않습니다. 이 시 또한 그렇게 읽을 수 있습니다. 특히 시인은 빼앗긴 땅, 비록 남의 발굽 아래 짓밟힌 우리 땅이 얼마나 순결하고 신성한 곳인지 가슴 벅차게 되새깁니다. 산맥조차 함부로 이땅을 침범하지 못했다고 말이죠. 물론 상징적인 표현입니다.

순결하고 신성한 땅, 이 '광야'에서 우리 역사가 비롯되었습니다. 그러나 역사 이전으로도 아주 오래고 먼 시간을 거슬러 올라갈 수 있습니다. 가만히 눈을 감아 보세요. 그리고 숨을 고른 다음, 하늘이 처음 열리던 그 최초의 순간이 어땠을까 한번 생각해 보세요. 어디서 닭 우는 소리가 들렸을까요? 모든 것이 캄캄한데 갑자기 한 줄기 서광이 비쳤을까요? 쉽게 상상하기조차 어렵습니다.

　과학자들은 지구의 나이를 약 46억 살로 추정합니다. 지구의 탄생으로부터 인류가 생겨나기까지는 또다시 헤아릴 수 없는 긴 세월이 흘러야 합니다. 그 인류가 동굴 밖으로 나와 사냥을 하고 열매를 따먹던 시절부터 농사를 짓고 가축을 기르기까지 또 얼마나 많은 시간이 필요했을까요? 나라가 생기려면 그 후로도 꽤 오랜 세월이 흘러야 했겠지요.

　모든 게 다 아득한 고릿적, 그러니까 옛 어른들이 '호랑이 담배 피우던 시절'이라고 말하던 무렵의 이야기입니다. 그 시절에는 호랑이가 담배를 피웠을 뿐만 아니라 풀이 말하고 바위가 걸어 다녔으며 해와 달이 두 개씩 뜨고는 했습니다. 정말일까요? 보지 못했다고 함부로 말하는 게 아니냐고요?

　신화가 그 시절의 풍경을 이야기해 주고 있습니다. 신화는 역사로 기록되지 않은 모든 시절, 바로 그 '까마득한 날'에 대한 이야기입니다. 세상은 어떻게 생겨났을까요? 기독교 성서에는 하느님이 세상을 창조했다고 나옵니다. 『창세기』에 그 과정이 기록되어 있습니다.

　"태초에 하느님이 천지를 창조하시니라. 땅이 혼돈하고 공허하며 흑암이 깊음 위에 있고 하느님의 영은 수면 위에 운행하시니라. 하느님이 이르시되 빛이 있으라 하시니 빛이 있었고 빛이 하느님이 보시기에 좋았더라. 하느님이 빛과 어둠을 나누사 하느님이 빛을 낮이라 부르시고 어둠을 밤이라 부르시니라. 저녁이 되고 아침이 되니 이는 첫째 날이니라."(창세 1:1-5)

하느님이 세상을 만들었습니다. 오직 말씀만으로요. 처음에는 모든 게 캄캄하고 그 어둠 속에 아무것도 없었는데 하느님이 이르길 "빛이 있으라!" 하니 빛이 생겨났죠. 빛을 만들고 낮과 밤을 가른 게 하느님이 첫날 한 일입니다.

하루 또 하루 작업을 이어 갑니다. 하늘을 만들고, 땅과 바다를 만들고, 땅에는 풀과 씨 맺는 채소와 열매 맺는 나무를 만들고, 바다의 물고기와 하늘의 새와 땅의 가축을 만들지요. 사람은 그런 후에야 나타납니다. 여섯째 날에요. 물론 이건 이스라엘 민족의 생각입니다.

하느님이 세상을 처음 창조했다는 생각에 의문을 품은 사람도 있었습니다. 주로 다른 민족의 사람들이었죠. 그들은 『창세기』의 '천지창조'라는 말에 대해 그게 대체 무슨 뜻이냐고 물었습니다.

"하느님이 처음 세상을 만드셨다고요? 좋아요, 그렇다면 '그때'가 언제인지 모르지만 하느님은 왜 하필이면 바로 그때서야 세상을 만드셨나요? 그 이전에는 무엇을 하셨고요?"

고약하고 짓궂은 질문입니다. 세상을 처음 창조한 바로 '그때'에 대해 트집을 잡고 있습니다. 그 그때도 시간의 어느 순간인 이상 그 이전도 있지 않느냐, 그러니 그 이전에는 무엇을 하셨느냐고 따지듯 묻고 있지요. 그때가 그때고 처음이 처음이지 언제야, 이렇게 얼버무리며 그만둘 일만은 아니었겠죠.

시간을 가리켜 우리는 흔히 강물처럼 흘러간다고 말합니다. 하지만 강물은 '처음'이 분명히 존재합니다. 어딘가 샘에서 솟아난 물이 강을 이루잖아요. 압록강과 두만강이 백두산 천지에서 발원한다는 사실을 떠올리면 쉽게 이해할 수 있습니다. 하지만 시간에게도 그처럼 샘이 있을까요? 보이지도 않고 잡을 수도 없는 시간에게요? 천만에, 한없이 거슬러 올라가도 샘처럼 시간이 시작된 한 지점을 찾아낸다는 건 어림도 없을 것 같습니다. "여기다!" "이때다!" 하고 소리치는 순간, 바로 그 이전의 순간이 불쑥 또 나타나지 않겠습니까?

유명한 신학자인 성 아우구스티누스도 젊었을 때에는 비슷한 질문을 던지며 기독교를 모독했습니다. 그가 나중에 참회하고 하느님의 품에 들어가서는 이렇게 말하게 되지요.

"아무리 길고 긴 시간이라도 모두 하느님이 만드신 것이다. 하느님이 만들지 않은 시간이라는 것은 없다. 창조 이전에는 시간조차 존재하지 않았다. 그렇거늘 세상을 창조하시기 이전에 무슨 일을 하고 계셨냐는 질문은 그것 자체가 말이 안 되는 질문일 뿐이다."

하느님을 유일신으로 받드는 입장에서는 이 정도의 대답이 최선일지도 모릅니다. 좀 더 과학적으로 대답한다며 빅뱅이 어쩌고 블랙홀이 어쩌고 하는 건 우리의 능력을 뛰어넘어 괜히 긁어 부스럼 만드는 일이 되겠고요.

하지만 민족에 따라서 맨 처음의 세상, 즉 '태초'에 대한 생각은 다를 수밖에 없습니다. 이 점만큼은 인정해야 합니다. 세계 도처에 수없이 많은 창세신화가 존재하는 것도 이 때문이죠. 그리스인은 대지의 여신 가이아와 하늘의 신 우라노스가 함께했던 시절을 카오스, 즉 혼돈이라고 불렀고 그 둘이 갈라서기 시작하면서 세상이 만들어졌다고 생각했습니다.

서양의 여러 민족도 저마다 다른 창세신화를 가지고 있습니다. 동양도 마찬가지입니다. 같은 동양이라고 해도 동쪽 끝과 서쪽 끝이 다르고, 남쪽 끝과 북쪽 끝이 다르겠지요. 어쨌거나 창세신화는 세계 어디서나 대부분 태초의 무질서하고 원시적인 혼돈을 어떻게 벗어나 질서를 잡아 가는지에 대한 과정을 다루고 있다고 볼 수 있습니다.

우리 민족은 창세신화, 즉 세상이 처음 생겨났을 때의 일을 다룬 신화가 많지 않습니다. 처음에야 왜 없었겠어요. 이런저런 사정으로 많이 전해지지 않았다고 해야겠지요. 아무튼 우리가 잘 아는 단군신화도 창세신화가 아니라 건국신화, 즉 나라를 처음 만들 때의 일을 다루고 있을 뿐입니다.

하늘은 처음부터 있었기 때문에 환인의 아들 환웅은 하늘에서 내려옵니다. 인간 세상을 널리 이롭게 할 목적으로요. 그러니까 땅에는 언제부터인지는 몰라도 사람들이 살고 있었다는 것이지요. 하늘과 땅이 처음에 어떻게 생겨났는지, 땅에는 언제부터 사람들이 살고 있었는지 꼬치꼬치 알려 주고 있지는 않습니다.

제주도에서는 신화를 '본풀이'라고 합니다. 근본이 무엇인지 풀어내는 이야기라는 뜻입니다. 제주도 서사무가 중에 「천지왕본풀이」라는 이야기가 있는데, 드물게 전해지는 우리 민족의 창세신화 중에서 가장 자세하고 흥미로운 신화라고 할 수 있습니다.

태초에는 아무것도 없었습니다. 아니, 있어도 혼돈 그 자체였지요. 온통 캄캄해서 하늘이고 땅이고 서로 구분되지도 않았거든요. 그러다가 갑자기 이 암흑천지에 개벽의 기운이 돌기 시작했습니다. 개벽이란 세상이 처음으로 생겨 열린다는 말입니다. 없던 게 새로 생기는 순간이었죠. 때는 갑자년 갑자월 갑자일 갑자시였답니다. 딱 언제라고 할 것도 없이 아주아주 오래전의 어느 기막힌 한 순간이었다는 뜻이겠습니다.

먼저 하늘의 머리가 자방으로 열렸습니다. 똑바른 북쪽에서 동쪽으로 살짝 틀어진 방향이었죠. 을축년 을축월 을축일 을축시에는 땅의 머리가 축방으로 열렸습니다. 자방보다 동쪽으로 살짝 더 비튼 방향이었죠. 그때까지 한 덩어리로 붙어 있던 하늘과 땅이 서로 다른 방향으로 몸을 비틀었다는 말입니다. 그러자 둘 사이에 우지끈 금이 가기 시작했습니다. 마치 얼음에 금이 가는 것처럼 말이죠.

시간이 흐르면서 그 금이 점점 더 벌어졌습니다. 땅에서는 뾰루지처럼 뭔가 쑥 솟아올랐어요. 그게 자라 언덕이 되고 산이 되었습니다. 거기서 물이 흘러내려 강을 이루었지요. 이렇게 해서 하늘과 땅이 분명하게 갈라졌습니다.

이때 하늘에서 푸른 이슬이 내리고 땅에서는 검은 이슬이 솟아났습니다. 그 두 이슬이 서로 합쳐져 비로소 세상 만물이 생겨나기 시작했지요. 가장 먼저 별이 생겨났습니다. 견우성, 직녀성, 노인성, 북두칠성이 그때 다 생겨났습니다. 그래도 세상은 여전히 어두컴컴했습니다. 사방 천지에 구름만 둥둥 떠다닐 뿐이었습니다. 그러다가 천황닭이 목을 들고, 지황닭이 날개를 치고, 인황닭이 꼬리를 치며 크게 울었습니다. 그제야 비로소 먼동이 트기 시작했습니다. 천지개벽이 제대로 일어난 것이죠.

때마침 하늘의 옥황상제가 해와 달을 내보냈습니다. 해도 둘, 달도 둘이었습니다. 자, 이러니 어쩌겠습니까. 낮에는 너무 뜨거워서, 반대로 밤에는 너무 추워서 사람이 살 수가 없었습니다. 그때는 또 모든 풀과 나무가 말을 하고, 사람과 귀신이 한데 섞여 살던 시절이었습니다. 사람과 귀신이 아직 제대로 구별되지 않던 시절이었던 거죠. 한마디로 모든 게 어지럽게 뒤섞인 혼돈의 시절이었습니다. 그러니 어떤 일이 벌어졌을까요? 사람을 부르면 귀신이 대답하고, 귀신을 부르면 사람이 대답하고, 해는 두 개라 너무 뜨겁고, 달은 두 개라 너무 차갑고……

자, 어떻게든 이 혼잡한 세상의 질서를 바로잡아야 하지 않을까요? 천지왕이 두 아들 대별왕과 소별왕을 통해 그 일을 해냅니다. 자세한 내막은 차차 이야기하기로 하고, 이제부터 동양의 다른 민족들은 태초의 세상을 어떻게 상상했는지 살펴보겠습니다.

반고가 천지를
창조하다
- 중국 한족 -

현재의 중국은 다민족국가입니다. 서로 다른 문화와 풍습을 간직한 56개의 민족이 어울려 살고 있지요. 그중에서도 중국의 역사와 문명을 대표하면서 인구도 가장 많은 민족이 한족입니다. 중국의 전체 인구 중 90퍼센트가 넘습니다. 이러한 한족은 반고라는 신화적 인물이 세상을 만들었다고 이야기합니다.

우주는 처음에 온통 혼돈이었습니다. 분명한 건 아무것도 없었지요. 빈 상자처럼 텅 빈 공간이었을까요? 아니면 깊은 동굴처럼 혹은 깊은 바닷속처럼 캄캄한 어둠만이 있었을까요?

아무튼 반고는 답답했습니다. 왜 안 그렇겠어요? 반고는 벌써 1만 8,000년을 어둠 속에서 옴짝달싹 못한 채 웅크리고 있었던 것

입니다. 마치 배 속의 태아처
럼 말입니다. 그러니 우주는
엄마 배 속의 양수처럼 혹은
달걀의 흰자처럼 반고를 감
싸고 있었다고 해야겠죠.

반고

반고가 퍼뜩 눈을 떴습니
다.

'아, 너무 답답해!'

숨이 막힐 지경이었습니다. 거대한 바윗덩이가 가슴을 콱 짓누
르고 있는 느낌이었습니다. 하지만 아직 바위 같은 것도 없던 때
였습니다. 이해하기 쉽게 비유하자면 그랬을 거라는 말이죠.

"응애!"

반고는 온몸의 기운을 모아 목구멍 밖으로 뱉어 냈습니다. 최
초의 소리, 최초의 울음이었습니다. 그 바람에 우주 어딘가에 아
주 작은 틈이 생겼습니다. 바늘구멍 같은 그 틈으로 한 가닥 빛이
스며들었습니다. 그러자 달걀 속 같던 혼돈이 꿈틀거리기 시작했
습니다. 그중 가벼운 기운은 위로 올라가고 무거운 기운은 밑으로
가라앉았습니다. 하늘과 땅이 그렇게 해서 생겨났지요.

반고는 힘껏 용트림을 했습니다. 그러고는 두 손으로 위의 하
늘을 떠받치고 두 발로 밑의 땅을 박찼습니다. 하늘과 땅 사이가
점점 벌어졌습니다. 반고는 신이 나서 더욱 기를 썼습니다. 갑자

기 키도 쑥쑥 자랐습니다. 하루에 한 길씩, 지금 단위로 2.4미터 또는 3미터씩 자랐다고 합니다. 그러나 그저 신나기만 한 것은 아니었습니다. 매일같이 그렇게 자라나는데 대체 언제까지 얼마나 자라야 하는지 알 수가 없었습니다. 달리 할 일도 없었습니다. 그저 하늘을 떠밀어 올리고 땅을 내리누르고 할 따름이었지요.

하루, 이틀, 사흘…….

한 달, 두 달, 세 달…….

1년, 2년, 3년…….

반고는 너무 힘이 들어 땀을 쏟고 눈물도 흘렸습니다. 그 땀과 눈물이 고여 바다가 되었습니다. 숨이 차서 입으로는 헉헉 입김을 토해 냈습니다. 그 입김이 바람이 되고 구름이 되었습니다. 어느 순간에는 너무 힘이 들고 짜증이 났습니다. 그래서 버럭 화를 내자 번쩍하고 번개가 쳤습니다. 크게 악을 쓰면 우레가 되었습니다.

그렇게 시간이 자꾸 흘러갔습니다. 무려 1만 8,000년이라는 시간이 다시 흘렀습니다. 반고도 이제 더는 버틸 수 없었습니다.

'아, 여기까지야. 이제 좀 쉬어야겠어.'

반고는 자꾸 감기는 눈꺼풀을 마지막으로 밀어 올렸습니다. 치켜올린 두 팔 위로 희미하게 제가 만든 하늘이 보였습니다. 까마득히 저 아래로 희미하게 땅이 보였습니다. 바다도 보였습니다. 번쩍번쩍 번개도 치고, 우르르 쾅 천둥도 쳤습니다.

"애썼네."

반고는 혼자 이렇게 중얼거리며 가만히 눈을 감았습니다. 입가에 옅은 미소가 슬쩍 비치는가 싶더니 마침내 그가 죽었습니다.

반고의 두 눈은 해와 달이 되었습니다. 땅바닥으로 흘러내린 피는 강물이 되었습니다. 뼈는 금은보석이 되었습니다. 몸에서 떨어져 나간 살은 흙으로 변했습니다.

이렇게 해서 오늘날 우리가 보는 것과 같은 세상이 완성되었습니다.

호랑이를 죽여서
세상을 만들자
- 중국 이족 -

중국의 소수민족들도 저마다 창세신화를 지니고 있습니다. 그중에는 한족과 비슷한 신화도 있지만 전혀 다른 신화가 훨씬 많습니다. 이족은 인구가 700만 명이 훌쩍 넘어 56개 민족 중 여덟 번째로 큰 민족입니다. 중국의 서남쪽 윈난성에 가장 많이 몰려 살지만 쓰촨성이나 티베트에도 많이 삽니다. 멀리 베트남이나 태국의 북부 지방에도 이족의 뿌리가 뻗어 있고요.

같은 이족이라고도 해도 이처럼 넓은 지역에 흩어져 살기 때문에 자연히 신화도 다른 형태로 전해지기 일쑤였습니다. 한족의 경우에는 일찍부터 자기네 문자가 있어서 그 문자로 신화를 기록해 두었어요. 그래서 사는 지역이 아무리 달라도 한족은 대개 비슷한 신화를 지닐 수 있었습니다. 하지만 소수민족은 대부분 고유의 문자가 없었습니다. 있다고 하더라도 널리 쓰이지 못한 경우가 많았고요. 그래서 사람들은 입에서 입으로 이야기를 전했습니다. 특히 신화나 전설은 무당 같은 사람들이 부르며 대대로 이어져 오거나, 커다란 잔치나 제사, 또는 장례식 같은 때 사람들이 시나 노래로 불러 전승하고는 했지요.

이족은 고유한 문자가 있었습니다. '비모'라는 무당이 문자를 만들었다고 전합니다. 비모는 단순한 무당을 넘어서서 그 시절에는 문자를 읽을 수 있는 현자를 뜻하는 말이었거든요. 신화를 기록한 그림 경전이 있는데 그곳에 문자로 설명을 붙이기도 했습니다. 하지만 신화는 대개 비모가 입에서 입으로 전승해 왔기 때문에 지역에 따라 크게 차이가 나기도 했습니다.

이족의 창세신화 중에 호랑이를 죽여서 세상을 만드는 이야기가 있습니다. 먼저 그 이야기를 들어 볼까요?

아득히 멀고 먼 옛날, 하늘도 없었고 땅도 없었습니다. 천신 거쯔만이 세상에 홀로 있었습니다. 거쯔가 금으로 된 과일 아홉 개를 내려놓으니 그것이 모두 아들로 변했습니다. 그중 다섯 명의 아들이 하늘을 만들었습니다. 시끌벅적 뛰어다니고 놀면서도 그럭저럭 만들어 냈습니다. 거쯔가 이번에는 은으로 된 과일 일곱 개를 내려놓았습니다. 그것은 모두 딸이 되었습니다. 그중 넷이 땅을 만들었습니다. 네 자매는 쉬지 않고 부지런히 손을 놀렸습니다. 비가 와도 멈추지 않았습니다.

그렇게 해서 하늘도 만들고 땅도 만들었습니다. 거쯔는 자식들이 세상을 제대로 만들었는지 궁금했어요. 이를 확인하려면 하늘과 땅을 재 보아야 했습니다. 불나방에게 하늘을, 잠자리에게 땅을 재라고 했어요. 재고 보니 하늘은 너무 작게, 땅은 너무 크게 만들었어요. 거쯔가 꾸짖을까 봐 다섯 아들과 네 딸은 마음을 졸였습니다.

"걱정하지 마라. 작은 건 잡아당겨서 늘리고 큰 건 줄이면 되겠지."

그러고는 도마뱀 세 쌍을 풀어 땅을 줄이게 했습니다. 울퉁불퉁한 땅은 개미 세 쌍을 시켜 고르게 만들었습니다. 멧돼지 세 쌍과 코끼리 세 쌍도 힘을 보태 흙을 다졌습니다. 7일 밤낮으로 열심히 일하니 산이 생기고 우거진 숲도 생기고 들판과 강도 생겼어요. 어느새 하늘과 땅이 서로 딱 맞게 늘어나고 줄어들었습니다.

거쯔는 이번에는 하늘이 단단한지 땅은 튼튼한지 걱정이 되었습니다. 천둥을 치니 하늘이 찢어졌습니다. 지진을 일게 하자 땅에 구멍이 뚫렸습니다. 거쯔는 다섯 아들에게 하늘을 깁게 했습니다. 아들들은 거미줄을 실 삼아 하늘을 기웠습니다. 네 딸에게는 땅을 메우게 했습니다. 딸들은 나뭇잎을 천 삼아 땅의 구멍을 메웠습니다.

그래도 아직 다 끝난 게 아니었습니다. 하늘이 언제 무너질지 몰랐습니다. 튼튼하게 받쳐 줄 것이 필요했습니다.

"세상 만물 중에서 호랑이가 제일 용맹하지. 호랑이를 잡으러 가자."

거쯔의 말에 따라 다섯 아들이 나섰습니다. 산등성이에서 호랑이를 유인했고, 커다란 쇠 우산을 펼쳐 잡았습니다. 호랑이를 잡아 큰 뼈 네 개를 추렸습니다. 그것들로 하늘의 네 귀퉁이를 받쳤습니다. 하늘은 더 이상 흔들리지 않았고 모두들 만세를 불렀습니다.

하지만 그래도 무엇인가 부족한 느낌이 들었습니다. 거쯔가 살펴보니 하늘에는 해는커녕 달도 별도 없었습니다. 또한 구름과 무지개도 없었지요. 둘러보니 땅에는 나무도 없고 바다도 없고 짐승도 없었습니다.

그래서 호랑이의 두 눈으로 해와 달을 만들었습니다. 수염으로 햇빛을, 이빨로 별을, 숨결로 안개를 만들었습니다. 배로는 큰 바다를, 창자로 강을, 갈비뼈로 길을 만들었습니다. 털과 가죽도 다 쓸데가 있었습니다.

마지막으로 호랑이의 살을 열두 조각으로 나누어 새, 늑대, 벌, 모기에게 고루 주었습니다. 다만 배고픈 솔개에게는 나누어 주지 못했습니다. 화가 난 솔개가 커다란 날개를 활짝 펴고는 하늘 높이 날아가 버렸습니다. 그 바람에 해를 온통 시커멓게 가렸습니다. 낮인지 밤인지 구분할 수도 없었어요. 큰일이었습니다.

그때 파리가 날아올라 솔개의 날개에 알을 슬었습니다. 사흘이 지나자 날개에서 구더기가 생겼습니다. 구더기 때문에 솔개가 땅으로 떨어지자 다시 해가 났습니다. 하지만 땅에 떨어진 솔개 때문에 땅에는 여전히 밤만 있었습니다. 이번에는 개미가 나서서 솔개를 들어 올렸습니다.

"야호, 이제야 비로소 낮과 밤이 분명해졌네."

모두들 기뻐서 환호성을 질렀습니다.

티아마트와
마르두크의 전쟁
- 메소포타미아 -

죽은 몸으로 세상을 만든다는 창세신화는 세계 어디서든 흔히 찾아볼 수 있습니다. 호랑이 대신 거인이나 괴물로 세상을 만든다는 것이 다를 뿐이죠. 이것을 '사체화생' 신화라고 합니다. 짐승이든 거인이든 괴물이든 '죽은 몸이 생명으로 변화했다'는 뜻입니다. 물론 여기서 말하는 생명은 살아 숨 쉬는 생물만을 가리키지 않습니다. 세상을 두루 다 가리키는 개념입니다. 없던 것이 죽었던 것에서 생겼으니 얼마나 신기하겠어요? 그러니 해도 달도 산도 들도 모두 생명처럼 여겼겠지요.

어쨌든 죽음은 끝이 아니라 또 다른 생명의 시작이라는 의미가 담겨 있습니다. 신화에서는 이렇게 삶과 죽음을 함께 생각하는 것이 중요합니다. 이 점에 대해서는 차차 다시 살펴보겠습니다.

오늘날 우리가 중동이라는 부르는 지역은 문명이 아주 일찍부터 싹튼 곳입니다. 사막지대라 날이 덥고 건조했지만 티그리스강과 유프라테스강이라는 두 개의 커다란 강이 있어 농사를 짓기에 조금도 부족함이 없었습니다. 해마다 강물이 흘러넘쳐 기름진 땅을 만들어 주었거든요. 강물을 끌어들여 물길을 만들고 그 물길 따라 생긴 도시들은 서로 필요한 물건들을 사고팔기도 했습니다.

최초의 문명이라고 일컫는 수메르문명이 바로 그 메소포타미아 유역에서 꽃핀 것도 우연한 일이 아닙니다. 바빌로니아는 수메르에 이어 기원전 19세기 초부터 그 지역에 들어섰던 고대 왕조의 이름입니다. 바빌론은 바빌로니아의 수도였지요.

바빌로니아의 창세신화를 담은 서사시 「에누마 엘리시」에도 가공할 괴물을 죽여 그것으로 천지를 만들고 인간을 만드는 이야기가 나옵니다.

태초에는 아무것도 없었습니다. 아직 신들도 태어나기 전이었습니다. 오직 단물(지하수)인 압수와 짠물(바닷물)인 티아마트만 있었습니다. 태초의 혼돈 속에서 그 둘이 섞여 있었지요. 땅에는 갈대밭도 없고 늪도 보이지 않았습니다.

강물이 넘치면서 쌓인 충적토에서 차차 신들이 생겨났습니다. 말하자면 그 신들은 모두 압수와 티아마트의 자식들인 셈이죠. 그 자식들이 자기들을 닮은 또 다른 신들을 낳았습니다. 그들은 시도

때도 없이 티아마트를 괴롭혔습니다. 무엇보다 시끄럽게 굴었지요. 티아마트는 그 소란에 기분이 몹시 언짢았습니다. 그래도 그녀는 참았습니다. 하지만 압수는 견디지 못했습니다.

압수는 아들 뭄무와 함께 혼돈의 어머니 티아마트를 찾아가 어린 신들을 저지하려면 어떻게 해야 하는지 자문을 구했습니다.

"오, 티아마트여. 어린 신들이 나를 괴롭히고 있소. 어찌나 시끄러운지 밤이고 낮이고 편히 쉴 수가 없다오. 나는 이대로 놔두지 않겠소. 그들에게 슬픔과 한탄을 안겨 주겠소. 그래야 우리가 시달림을 받지 않고 편히 있게 될 것이오."

티아마트는 이 말을 듣고 고개를 끄덕이며 되물었습니다.

"그러면 어떻게 해야 좋을까요?"

뭄무가 대신 대답했습니다.

"제아무리 어린 신들이 힘이 세다고 해도, 당신이면 충분히 그들을 꺾을 수 있을 겁니다."

이제 그들은 함께 어린 신들을 물리칠 계략을 짰습니다.

하지만 어린 신 중 하나인 에아가 이들의 대화를 엿듣고 음모를 알아차렸습니다. 에아는 주문을 외어 압수와 뭄무를 붙잡았고 결국 그들을 처치했습니다.

티아마트의 부하인 괴물 킹구가 티아마트에게 말했습니다.

"압수와 뭄무가 죽었사옵니다. 우리는 편히 쉴 수가 없게 되었습죠. 이제 주인님이 나서서 복수해야 합니다."

티아마트가 이 말을 듣고 대답했습니다.

"오냐, 그렇다면 전쟁을 일으키자!"

그리하여 혼돈과 심연의 주인들이 티아마트의 곁으로 몰려들었습니다. 그들은 으르렁거리며 함께 전쟁을 준비하고 계략을 짰습니다. 그러자 폭풍이 일고 짙은 안개가 피어올랐습니다.

티아마트는 가공할 무기들을 만들었습니다. 또 킹구를 시켜 열한 종류의 악마들을 모두 불러들였습니다. 무시무시한 송곳니를 가지고 있으며 몸속에는 피 대신 독이 흐르는 거대한 뱀들이 명령을 받고 달려왔습니다. 보기만 해도 공포에 질리는 끔찍한 모습을 한 용들도 몰려왔습니다. 독사, 비단뱀, 폭풍의 괴물, 사나운 사냥개, 전갈 인간, 물고기 인간, 산에 사는 숫양 등이 떼로 왔습니다.

티아마트는 킹구를 칭찬하며 그를 사령관으로 임명했습니다. 티아마트는 킹구에게 '운명의 서판'을 주며 말했습니다.

"네 명령은 결코 변하지 않을 것이다. 네 말은 늘 확고하리라."

킹구는 한껏 들떴습니다. 두려울 게 없었지요.

이때도 에아는 모든 것을 알고 있었습니다. 티아마트가 군대를 어떻게 모았고, 신들을 물리치기 위해 어떤 전쟁을 준비했는지 말입니다. 그는 아버지 안샤르를 찾아가 조언을 구했습니다.

"우리의 어머니 티아마트가 분노에 차서 우리를 죽이려고 합니다."

에아의 말을 들은 안샤르는 허리에 손을 얹고 이를 악물었습니다. 마음이 편치 않았지요. 안샤르는 아들 아누를 불러 말했습니다.

"두려움을 모르는 아누여, 네가 가서 티아마트에게 말하라. 그리하여 그녀의 분노가 잦아들고 마음을 돌리기를 기대하자."

아누는 안샤르의 명령에 따라 티아마트를 찾아갔습니다. 그러나 그녀가 너무나 사납게 울부짖고 안개를 뿜어 대서 겁이 났습니다. 결국 가까이 가지도 못한 채 아누는 꽁무니를 뺐습니다. 다음으로 에아가 나아갔지만 그 역시 공포에 질려 도망쳤습니다.

이제 안샤르는 에아의 아들 마르두크를 부를 수밖에 없었습니다. 마르두크는 아주 기뻤습니다.

"오, 신 중의 신이시여. 제가 만일 티아마트를 제압하고 모든 것을 원래대로 되돌려 놓는다면 신들에게 저의 위대함을 일깨워 주소서. 그리하여 모든 신이 회당에 모여 즐겁게 지내기를! 제 말이 당신의 말처럼 불변의 것이 되게 해 주소서. 당신 대신 제가 신들의 운명을 결정하겠습니다."

안샤르는 모든 최고신을 소집했습니다. 신들은 회당 안을 가득 채웠고 서로 안부를 나누었습니다. 그런 다음 자리에 앉아서 빵을 먹고 포도주를 마셨습니다. 술에 취하자 신들은 기분이 좋아졌고 마음이 느긋해졌지요. 안샤르는 신들은 운명을 결정하는 권리를 마르두크에게 넘기며 말했습니다.

"최고신 중에서 당신이 가장 높소이다. 따라서 어떤 신도 당신의 권위에 왈가왈부할 수 없지요. 우리가 당신에게 이 우주에 대

마르두크

한 주권을 넘기겠습니다. 이제 당신의 무기는 무적의 무기가 될 것이오. 반란을 꾀한 신들을 어서 물리쳐 주십시오. 그러나 마음을 돌리는 신은 거둬 주시구려."

마르두크가 새 옷을 입자 신들이 기뻐하며 외쳤습니다.

"마르두크가 우리의 새 군주로다!"

이리하여 마르두크의 운명이 결정됐습니다. 그는 활과 몽둥이를 들고 티아마트와 싸우러 갔습니다. 아누가 그에게 적을 잡을 수 있는 그물을 주었습니다.

마르두크는 일곱 개의 바람을 만들었습니다. 그 바람들이 앞장을 섰지요. 그는 빛처럼 빨리 질주하는 네 마리의 말이 끄는 폭풍 전차를 타고 돌진했습니다. 그리고 부하들이 그 뒤를 따랐습니다.

마르두크는 티아마트의 은신처까지 달려갔습니다. 그를 보자 티아마트가 저주를 퍼부었습니다.

"마르두크! 나는 네가 하나도 두렵지 않다. 내 군사들이 여기다 모여 있다. 내가 너보다 훨씬 힘이 강하다."

마르두크는 팔을 치켜들며 티아마트에게 소리쳤습니다.

"너는 신들에게 반란을 꾀했다. 게다가 킹구에게 운명의 서판을 주었다. 이로써 너는 선과 사랑의 적이 되었다는 사실을 스스로 증명했다."

 티아마트와 마르두크는 곧바로 싸움을 시작했습니다. 마르두크는 아누가 준 그물을 던져 용들을 잡았습니다. 티아마트는 엄청나게 큰 입을 벌려 맞섰습니다. 마르두크는 그녀의 입 속으로 바람을 몰아쳤습니다. 티아마트는 입을 너무 크게 벌린 탓에 재빨리 다물 수 없었습니다. 온갖 폭풍우와 태풍이 그녀의 입 속으로 몰려갔습니다. 그러자 그녀의 심장이 약해졌습니다. 티아마트가 숨을 헐떡거리며 주저앉자 마르두크는 그때를 놓치지 않고 창을 던졌습니다. 창이 심장을 찢었고, 마침내 티아마트는 죽고 말았습니다.

 티아마트를 따르던 모든 신과 용과 뱀도 달아날 수밖에 없었지요. 마르두크는 거대한 그물로 그들을 붙잡아서 짓밟았습니다. 마지막에는 킹구를 붙잡아 운명의 서판을 빼앗았습니다. 마르두크는 거기에 제 도장을 찍어서 자기 가슴에 붙였습니다. 이로써 안샤르의 명령이 완수된 것이죠.

 마르두크는 이제 신들의 왕이 되었습니다. 그는 우선 티아마트의 두개골을 몽둥이로 쳤습니다. 핏물이 질펀히 흘렀지요. 그러자 신들이 몰려와 환호했습니다. 그들은 티아마트의 몸을 두 조각으로 갈라 버렸습니다. 마르두크는 그중 한 조각으로 하늘을 감싸고 떨어지지 않게 붙였습니다. 다른 한 조각으로는 땅을 만들었습니다. 그런 다음 마르두크는 자기 형상을 본뜬 별자리를 만들어 밤하늘에 고정시켰습니다. 티그리스강과 유프라테스강을 만든 것도 마르두크였습니다.

　마침내 그는 신을 경배할 인간을 만들기로 결심했습니다. 그는 티아마트를 부추긴 죄를 물어 킹구의 핏줄을 잘랐습니다. 그리고 거기서 흘러나온 피로 인간을 만들었습니다. 그 때문에 인간은 처음부터 신을 위해 봉사할 운명을 지니게 되었습니다.

우유의 바다를 휘저어
세상을 만들다
- 인도 -

인도는 신들의 나라입니다. 신이 얼마나 많은지 어떤 이들은 우스 갯소리로 인도에는 사람보다 더 많은 수의 신이 있다고 말할 정도 입니다. 땅도 어찌나 넓은지 지역마다 모시는 신이 다르기도 합니 다. 그래도 힌두교의 경우 브라흐마, 비슈누, 시바 이 셋을 최고신 으로 모시는 것만큼은 어디나 다르지 않습니다.

힌두교 경전 중에 『베다』가 있습니다. 그중 『리그베다』에도 죽 은 몸으로 세상을 만드는 창세신화가 나옵니다. 이번에는 거인 푸 루샤가 그 주인공입니다.

푸루샤는 천 개의 눈, 천 개의 머리, 천 개의 발을 지닌 거인으 로 세상 모든 것의 주인입니다. 그의 4분의 3은 하늘로 올라가 불 멸의 존재가 되었습니다. 영원히 죽지 않는 신들이 태어났다는 뜻이겠죠. 나머지 4분의 1은 지상에 남아 모든 생물과 무생물로 변했습니다. 그의 입에서 브라만이, 그의 팔에서 크샤트리아가, 그의 허벅지에서 바이샤가, 그의 두 발에서 수드라가 태어났습니다. 힌두교에서 말하는 카스트의 네 계급이 여기서 비롯되었죠.

그 밖에도 그의 마음에서 달이, 눈에서 태양이, 배꼽에서 대기가, 머리에서 하늘이 생겨났습니다. 발에서는 당연히 땅이 나왔고, 귀에서 동서남북 네 개의 방향이 나왔습니다. 이렇듯 세계는 태초의 거인 푸루샤가 자신의 몸을 희생하여 이루어졌죠.

하지만 이보다 훨씬 재미있는 창세신화도 많습니다. 사실 힌두교는 세상이 생겨났다가 장차 언젠가는 종말을 맞이한다는 기독교와는 아주 많이 다릅니다. 힌두교에서는 세상이 끝났다가도 다시 또 새롭게 생겨납니다. 생겨난 것은 죽고, 죽은 것은 다시 생겨나고 하는 것이지요. 따라서 힌두교 신화에서는 딱히 어느 것 하나만을 창세신화라고 부르기 어렵습니다.

앞서 말한 힌두교의 세 최고신은 저마다 주요한 역할이 정해져 있습니다. 보통 브라흐마가 세상의 창조를, 비슈누가 세상의 유지를, 시바가 세상의 파괴를 담당합니다. 예컨대 브라흐마가 잠을 자면 세상은 죽고 잠에서 깨어나면 세상이 새롭게 시작된다고 하죠. 브라흐마의 시간은 인간으로서는 감히 생각할 수도 없을 정도로 깁니다. 그의 하루를 일컬어 '칼파', 즉 겁이라 하는데 '영겁'이라고 할 때의 그 겁을 말합니다.

불교에서도 똑같은 개념이 쓰이죠. 한마디로 무지무지하게 긴 시간의 단위를 말합니다. 굳이 인간의 시간으로 따지자면 43억 2,000만 년에 해당합니다. 그 하루가 다하면 브라흐마도 피곤해서 잠자리에 듭니다. 그때 우주는 물로 해체되어 브라흐마의 몸속으로 흡수됩니다. 그런 후 또 그만큼의 시간을 잠든 상태로 있죠.

이런 우주의 생성과 해체가 거듭되며 한두 달이 되고, 일이 년이 되어 마침내 백 년이 되면 브라흐마의 생애도 끝이 납니다. 그후에는 어떻게 되냐고요? 경전마다 조금씩 달라서 정확히 말하기는 어렵지만 우주가 불, 물, 공간, 바람, 흙 다섯 가지 요소로 해체된다고도 하네요.

그런데 세상의 창조에 꼭 브라흐마의 역할만 중요한 것은 아닙니다. 경우에 따라서는 비슈누도 만물을 창조하는 데 크게 기여합니다. 이제 그런 창세신화 한 가지를 만나 봅시다.

어느 날 최고신 시바의 숭배자이자 고행자인 두르바사스가 하늘의 꽃으로 만든 꽃다발을 인드라 신에게 바쳤습니다. 인드라는 무심결에 꽃다발을 자신이 타고 있던 코끼리 등 위에 올려놓았는데, 코끼리가 몸을 흔들어 그만 땅에 떨어지고 말았습니다. 게다가 코끼리는 커다란 발로 꽃다발을 짓밟아 버렸습니다.

두르바사스는 경악하여 분노에 찬 목소리로 저주를 퍼부었습니다. 그는 평소에도 성을 잘 내기로 유명한 고행자였거든요.

"당신은 내 성의를 무참히 짓밟았소. 나는 참을 수가 없소. 당신과 당신을 따르는 다른 모든 신이 당신의 이 무례한 행위로 인해 힘을 잃어버리기를 빌겠소."

과연 그의 저주가 통했습니다. 신들의 힘은 점점 약해졌습니다. 악마들은 이 틈을 노려 전쟁을 걸어왔습니다. 오랫동안 전쟁을 이어 갔지만 두르바사스의 저주 때문에 신들은 악마들을 이길 수 없었습니다.

신들은 시바에게 달려가 도움을 청했지만 시바는 들은 척도 하지 않았어요. 신들은 할 수 없이 성스러운 산에 살고 있는 창조주 브라흐마를 찾아가 도움을 요청했습니다. 그러나 그 역시 신들을 도울 적절한 방법을 알지 못했습니다. 브라흐마는 잠시 동안 깊은 명상에 잠긴 끝에 마침내 다음과 같이 말했습니다.

"나로서는 도와줄 수가 없다."

마지막으로 신들은 또 다른 최고신 비슈누에게 달려갔습니다. 비슈누는 기꺼이 그들을 돕겠다고 말했습니다.

"불사의 감로수 암리타를 마셔야 한다. 그것은 우유의 바다를 휘저을 때 나오는 영약이다. 그걸 마신 자는 누구든지 결코 죽지 않을 것이다."

우유의 바다를 휘젓기 위해서는 신들의 힘만으로는 불가능했습니다. 그들은 악마들의 힘을 빌기로 했습니다.

"우리를 도와주면 불사의 영약을 나누어 주겠다. 그러면 너희도 최고신처럼 영생을 얻으리라."

악마들은 옳다구나 하며 협조를
약속했습니다. 우유의 바다를 휘저
으려면 거대한 지지대가 필요했습니
다. 그들은 비슈누의 도움을 받아 거
대한 산 만다라를 뽑아다 거꾸로 박
아 지지대로 삼았습니다. 그들은 그
것을 커다란 거북이 등 위에 고정시
켰습니다. 그 거북이는 사실 비슈누
가 몸을 바꾼 아바타(화신)였습니다.

신들과 악마들이 우유의 바다를
젓기 위해서는 튼튼하고 아주 긴 끈
이 필요했습니다. 비슈누가 거대한
뱀인 바수키에게 그 산을 둘러싸도

비슈누

록 명령했습니다. 이제 신들과 악마들이 지지대 양쪽으로 나뉘어
각각 바수키를 붙잡고 작업을 시작했습니다. 서로 밀고 당기는
줄다리기를 하는 것이었습니다. 바수키는 그때마다 고통에 겨워
신음하면서 몸을 비틀었습니다. 그러나 그 어떤 신도 악마도 눈
하나 깜짝하지 않았습니다. 그들의 머릿속에는 오직 불사의 암리
타만 들어 있을 뿐이었거든요.

줄다리기는 무려 1,000년이나 계속되었습니다. 마침내 우유의

바다에서 액체가 흘러나오기 시작했습니다. 그러나 맨 처음에 흘러나온 것은 암리타가 아니라 바다의 불순물이 굳어 생긴 죽음의 독약이었어요. 한 방울만으로도 신이든 악마든 모두 죽여 버릴 수 있을 만큼 치명적인 독약이었죠. 위기의 순간, 세상의 파괴를 담당하는 최고신 시바가 나타나 주저 없이 그 독약을 삼켰습니다. 하지만 아무리 시바라도 그것을 마시면 죽기 때문에 그는 다 삼키지 않고 목구멍에 그대로 저장해 놓았습니다. 오늘날에도 시바의 목이 파랗게 물들어 표현되는 것은 그 때문입니다.

신들과 악마들은 끈질기게 기다렸습니다. 이윽고 아름다운 암소 수라비가 나타났습니다. 그 암소는 살아 있는 모든 생명체의 어머니가 되었습니다. 이어 행운의 여신 락슈미가 손에 수련을 들고 연꽃 위에 앉은 채로 나타났습니다. 천상의 모든 성자가 그녀를 찬양하기 시작했습니다. 악마들도 그녀의 환심을 사려고 했으나 락슈미는 눈길도 주지 않았습니다.

이윽고 신들의 의사 단완타리가 수많은 요정 압사라들을 데리고 나타났습니다. 갑자기 하늘이 환해졌습니다. 단완타리가 손에 들고 나타난 병에는 모두가 그토록 갈망하던 바로 그 암리타가 들어 있었습니다. 서로 똑같이 나누어 마시자던 애초의 약속은 어디론가 사라지고, 신들과 악마들은 누가 먼저라 할 것도 없이 싸움을 시작했습니다.

많은 신과 악마가 죽어 갔습니다. 결국에는 악마들이 이겨 암리타는 그들의 손에 넘어가고 말았습니다. 그들이 그것을 마신다면 세상에 크나큰 불행이 오리라는 것은 불 보듯 뻔한 일이었죠.

그때 비슈누가 꾀를 냈습니다. 세상에서 가장 아름다운 여인 모히니로 변신해 악마들 앞에 나타났습니다. 악마들은 암리타를 서로 먼저 먹겠다고 싸우다 말고 넋을 잃은 채 모히니를 바라보았습니다.

모히니는 간드러진 목소리로 말했습니다.

"누구든 눈을 감고 가장 늦게 뜨는 분과 결혼하겠어요."

악마들은 일제히 눈을 감았습니다. 비슈누는 그 틈을 노려 암리타를 빼앗았습니다. 그녀는 그것을 신들에게만 나누어 주기로 했습니다. 그때도 악마들은 여전히 눈을 감고 있었습니다. 비슈누는 차례대로 줄을 선 신들에게 암리타를 나누어 주기 시작했습니다. 그때 악마 중에서 교활하기로 유명한 라후가 그 사실을 알아채고 신들이 서 있는 줄에 몰래 끼어들었습니다. 그가 차례가 되어 암리타를 마시려 할 때 태양의 신 수리야와 달의 신 소마가 재빨리 비슈누에게 일러바쳤습니다.

"그는 악마예요. 암리타를 마셔선 안 됩니다."

비슈누는 자신의 무기인 원반으로 라후의 목을 잽싸게 베어 버렸습니다. 그러나 라후는 암리타를 다 삼키지는 않았으나 이미 입 안에 넣었기 때문에 얼굴 부분은 죽지 않았습니다. 그는 자신을 고자질한 해와 달을 용서할 수 없었습니다. 그래서 해와 달을 삼켜 버리려고 쫓아가기 시작했습니다. 하지만 부지런히 쫓아가 정작 해를 삼키니 너무 뜨거워서, 달을 삼키니 너무 차가워서 곧 뱉어 내고 말았습니다. 그래도 라후는 포기하지 않았어요. 해와 달을 계속 쫓아갔죠. 오늘날 우리가 일식, 월식이라고 부르는 현상은 이때 생겼습니다.

한편 다른 악마들은 뒤늦게 자신들이 속았다는 사실을 알아챘습니다. 그러나 때는 이미 늦었지요. 신들이 이미 암리타가 든 병을 홀랑 비운 뒤였거든요. 결국 그때부터 영원한 생명을 얻게 된 신들은 악마들에게 계속 이길 수 있었습니다.

신들도 꽤 얄미운 짓을 하지요? 사실 이 이야기에 등장하는 신과 악마는 오늘날 우리가 생각하는 것처럼 선과 악으로 그 역할이 분명히 나뉘어 있는 게 아닙니다. 모든 게 아직 형성되는 시절의 이야기니까요. 아무튼 새치기하고 고자질하고, 이런 일에 화가 나서 죽어라 쫓아가는 모습이 우리의 모습을 보는 것 같아서 꽤 친근하게 느껴집니다.

선신과 악신의 대결
- 페르시아 -

페르시아는 현재의 이란을 중심으로 번성했던 고대 왕조를 가리키는 말로, 한때 거대한 제국을 형성했습니다. 그러나 이 지역에 이슬람이 유입된 7세기 이후로는 단지 문화적인 형태로만 명맥을 유지했을 뿐입니다.

초기 페르시아 지역의 대표적인 종교 조로아스터교는 불을 숭상하기 때문에 배화교라고 알려지기도 했습니다. 조로아스터교는 선신 아후라 마즈다와 악신 앙그라 마이뉴의 치열한 대립과 대결을 강조하는 이원론적 세계관이 가장 큰 특징입니다. 창세신화 또한 이 두 신의 대립과 대결 과정이 주가 됩니다.

아후라 마즈다는 무한한 빛의 영토에서 영원히 삽니다. 반면 앙그라 마이뉴는 끝없는 어둠의 심연에 제 거처를 두고 있지요. 아후라 마즈다가 처음 창조물을 만들었을 때, 그것들은 3,000년 동안 오직 정신적인 상태로 머물러 있었습니다. 손으로 만질 수도 없는 것은 물론, 스스로 생각하지도 움직이지도 못했지요. 반면 앙그라 마이뉴의 피조물은 보기만 해도 끔찍하고 부패하고 사악한 것들이었습니다.

아후라 마즈다는 앙그라 마이뉴를 만나러 가서 평화를 제의했습니다.

"악령이여, 내가 만든 피조물들을 돕고 찬양하시라. 그러면 나 또한 자네와 자네가 만든 피조물들이 영원히 살고 또 썩지 않도록 해 주겠네."

이에 대해 앙그라 마이뉴는 콧방귀를 뀌며 말했습니다.

"흥, 턱없는 소리! 내가 왜 당신의 피조물들을 돕고 찬양해야 한다는 말이오? 절대 그렇게 하지 않으리다. 오히려 난 당신이 만든 피조물들을 파괴할 것이오. 나아가 그것들이 당신에게 등을 돌리고 내게 오도록 만들겠소."

미래를 내다볼 수 있는 아후라 마즈다는 이 모든 대답을 예상하고 있었습니다. 그래서 앙그라 마이뉴에게 말했지요.

"갈등이 뒤섞인 시간은 9,000년뿐이다."

아후라 마즈다는 9,000년 후에는 악령들이 해체될 것임을 알고 있었습니다. 그 9,000년은 아후라 마즈다의 선한 의지가 힘을 발휘하는 첫 번째 3,000년, 둘의 의지가 뒤섞이는 두 번째 3,000년 그리고 악령들이 힘을 잃어버리는 마지막 3,000년으로 나뉘게 될 것이었습니다.

먼저 아후라 마즈다가 강력한 기도문을 외었는데 앙그라 마이뉴는 당황해서 우울하고 축축한 어둠 속으로 숨었습니다. 그는 거기서 3,000년 동안 머물러야 했지요. 이 기간 동안 아후라 마즈다의 피조물들은 아무런 해를 입지 않은 채 생명을 유지했습니다. 그것들은 앞서 말했듯이 오직 정신적인 형태로만 존재했던 것인데 첫 3,000년이 지나가면 그들은 실제로 존재하게 될 터였지요.

우주 창조의 첫 번째 단계에서 아후라 마즈다는 보후 마나흐, 즉 선한 마음을 만들었습니다. 앙그라 마이뉴는 아카 마나흐, 즉 악한 마음을 만들었습니다. 아후라 마즈다는 이어 하늘, 바다, 땅, 식물, 동물 그리고 마지막에 인간을 창조했습니다.

하늘을 만들 때, 아후라 마즈다는 별자리도 함께 만들었습니다. 별들은 악령에 맞서 싸울 운명을 타고난 전사 같았지요. 648만 개의 작은 별들이 있었는데, 그것들은 여러 장소에 무수히 배치되었습니다. 동서남북에는 각기 네 명의 장수 별인 큰개자리(동), 황소자리(서), 궁수자리(남), 큰곰자리(북)를 배치했어요. 그 후 아후라 마즈다는 해와 달을 만들었습니다.

아후라 마즈다가 이렇게 천지를 창조하는 동안, 마녀 자히가 깊은 잠에 빠져 있던 앙그라 마이뉴를 흔들어 깨웠습니다.

"일어나요. 잠만 자고 있을 때가 아닙니다. 당신은 우리의 아버지이십니다. 우리가 해야 할 일을 잊으셨어요? 세상에 갈등을 일으켜 아후라 마즈다를 괴롭히고 상처를 입혀야죠. 암, 그래야 해요."

그제야 앙그라 마이뉴는 기뻐하며 몸을 일으켰습니다. 그는 자기를 따르는 악마들을 아후라 마즈다가 막 창조한 것들을 향해 내보냈습니다. 앙그라 마이뉴는 하늘을 향해 뱀처럼 달려들었습니다. 그 바람에 하늘은 늑대를 만난 양 떼처럼 겁에 질려 산산이 흩어졌습니다. 악령들은 모든 창조물 속으로 돌진해 마구 부수고 헤집어 놓았습니다. 세상은 마치 한밤중처럼 깜깜하게 되었지요.

아후라 마즈다가 하늘에 방벽을 쌓자 겨우 앙그라 마이뉴와 악마들의 만행이 끝났습니다. 더 이상 뚫고 들어올 수가 없었지요. 입구를 찾지 못한 그들은 지하의 어둠 속으로 돌아가야 했답니다.

아후라 마즈다는 창조 작업의 두 번째 단계에서 바다를 만들었습니다. 모든 물은 엘부르즈산맥의 남쪽 끝에 있는 부루카샤 바다로 모여들었습니다. 그 바다는 1,000개의 호수를 담을 만큼 넓었지요. 그 당시 큰 호수는 사람이 말을 타고 40일간 달려도 다 돌지 못할 만큼 넓었습니다.

아나히타는 봄의 여신이었는데 그녀로부터 모든 강이 비롯했습니다. 그녀는 생명의 힘으로 모든 나라를 번성하게 만들었습니다. 물로 들판을 기름지게 했을 뿐만 아니라 모든 남자의 씨를 순

수하게 만들었고, 모든 여자의 자궁을 순결하게 만들었지요. 그리하여 여자들은 안전하게 출산하고 가슴에 젖을 담게 되었습니다.

모든 '씨앗의 나무'가 부루카샤 바다의 한복판에서 자랐습니다. 그 나무에서 세상의 온갖 식물이 퍼져 나갔습니다. 그 나무 옆에 가오케레나라는 나무가 있었습니다. '황소의 뿔'이라는 뜻으로 그 나무는 결코 늙지 않았습니다. 영원히 푸르른 생명의 나무였지요. 누구든 그 나무의 열매를 먹으면 영생을 얻었습니다. 신령한 새 시무르그가 그 나무에 둥지를 틀고 늘 경계의 눈빛을 거두지 않았습니다.

한편 앙그라 마이뉴도 가만히 보고만 있지 않았습니다. 만일 그랬다면 악령도 아니고 체면도 잃었겠지요. 그는 부루카샤 바다의 심연에서 도마뱀으로 변해 가오케레나 나무에 해를 끼치려고 시도했습니다. 그러나 아후라 마즈다는 이를 미리 알고 자신이 창조한 물고기 카라로 하여금 가오케레나 뿌리 주변을 끊임없이 돌면서 지키게 했습니다. 이때의 카라는 열 마리라고도 하고 두 마리라고도 합니다.

창조의 세 번째 단계에서는 큰개자리에서 가장 밝은 별인 시리우스에서 비가 땅에 흘러넘치도록 내렸습니다. 그러자 모든 해로운 독이 씻겨 나갔습니다. 물이 빠진 후, 서른세 종류의 땅이 만들어졌습니다. 이에 질투가 난 앙그라 마이뉴는 가장 한복판에 있는 땅을 흔들었는데 그때 산들이 솟아났습니다.

제일 먼저 솟아난 것은 엘부르즈산이었습니다. 얼마나 높은지 꼭대기가 하늘에 닿을 정도였어요. 다른 산들은 엘부르즈산의 뿌리에서 자라났습니다. 엘부르즈산의 한 꼭대기인 태라에서 해와 달과 별들이 떠오르고, 다른 꼭대기인 후카이라에서 아나히타의 물이 흘러내렸습니다.

이어서 불이 탄생했습니다. 불은 아후라 마즈다로부터 비롯하는 신성함을 뜻하기 때문에 특별히 존경을 받았습니다. 그래서 불의 사원에 영원히 보관했지요.

다섯 번째 창조는 동물의 영역에서 이루어졌습니다. 식물이 모두 가오케레나에서 비롯된 것처럼, 동물은 모두 '원시의 황소'에서 비롯되었습니다. 그 황소는 모든 동물의 정자를 가지고 있었거든요.

앙그라 마이뉴가 이 황소를 노리고 다가왔습니다. 아후라 마즈다는 비나트라고 하는 치료제를 만들어서 앙그라 마이뉴가 뿜는 독성을 최소화하려고 했습니다. 그래도 독성을 완전히 막지는 못했습니다. 앙그라 마이뉴의 공격 때문에 황소는 비틀거리며 아프기 시작했고 가쁜 숨을 내쉬다가 죽고 말았습니다. 이 황소의 영혼 게우시 우르반이 몸에서 빠져나가자 아후라 마즈다는 마치 1,000명의 사람이 한꺼번에 우는 것처럼 크게 목 놓아 울었습니다.

"이제 누가 내가 창조한 생명들을 지켜 줄 텐가? 땅은 메마르고 식물은 시들 것이다. 오, 슬프구나! 내가 너를 제대로 만들었다면 악령이 병을 일으키지 못했을 것을……."

게우시 우르반도 별자리 한복판으로 날아가며 울부짖었어요. 아후라 마즈다는 앞으로 동물들을 지켜 줄 예언자를 보내겠다고 약속했습니다. 그제야 게우시 우르반도 만족하며 동물들을 지켜 주게 되었습니다.

한편 죽임당한 황소의 몸뚱이에서는 갖가지 동식물이 나왔습니다. 특히 골수에서는 곡식이, 뿔에서는 콩이, 코에서는 부추가, 피에서는 포도 넝쿨이, 허파에서는 약초가, 심장에서는 백리향이 나왔습니다. 최초의 인간 가요마르트가 나타나는 것은 그 후의 일입니다.

하늘 기둥을 돌아
국토를 만들다

─ 일본 ─

일본 신화는 세계에서 가장 질서 정연하고 체계적인 신화라고 알려져 있습니다. 혹시 오해가 있을까 봐 서둘러 말하지만 신화에는 좋고 나쁜 게 없습니다. 우열도 없습니다. 나라마다 또 민족마다 서로 다른 신화가 존재할 뿐이죠. 일본 신화를 가장 체계적인 신화라고 할 때에도 이 말이 곧 일본 신화가 가장 훌륭하다고 말하는 건 결코 아니라는 말입니다.

어쨌든 대개 다른 나라, 다른 민족의 신화는 역사의 흥망성쇠에 따라 신화 또한 어지럽게 뒤섞이고 중간에 뚝뚝 끊어지거나 심지어 사라져 버리기도 합니다. 하지만 일본 신화를 전하는 책들은 처음 세상이 만들어진 일부터 먼 훗날의 왕에 이르기까지 그 전과정을 가지런히 기록하고 있습니다. 어찌 보면 신화와 역사의 구분이 모호할 정도랍니다.

『삼국유사』와 같은 우리나라 역사책에서도 여러 신화를 찾아볼 수 있지만 일본처럼 체계적이지는 않습니다. 울뚝불뚝 좀 어수선하지요. 특히 건국신화의 경우 나라를 세운 시조에게만 초점을 맞추는 게 특징이지요. 또 가령 삼국의 시조들도 저마다 내로라하며 존재할 뿐이지 나중에 그들을 모아 하나의 신화로 굳이 재편집하지는 않잖아요? 반면 일본 신화는 어디서 뚝 끊이지 않고 꽤 매끄럽게 이어지지요. 일본 왕실의 혈통이 한 번도 단절된 적이 없다고 주장하는 '만세일계'라는 말 그대로입니다.

일본 신화라고 처음부터 이랬던 것은 아닙니다. 나중에 일본이 통일국가로서 나라의 기틀을 잡을 때, 그때까지 여기저기 따로 존재했던 여러 부족의 다양한 신화를 모아서 '하나의 (국가) 신화'를 만들었던 것입니다. 물론 이것은 무엇보다 새로이 권력을 장악한 이들이 누구든지 그들의 권위를 강화하는 데 더없이 훌륭한 수단이 되었지요. 왕은 결국 세상을 만든 최초의 신까지 그 뿌리가 올라가는 것입니다. 다시 말해 왕을 신성시하기 위해 여러 신화를 짜깁기해 하나의 신화로 만들었다고 볼 수 있습니다.

일본 신화에서 중요한 것은 신들이 가장 처음 만든 건 '세상'이 아니라 '국토'였습니다. 이 점이 다른 나라, 다른 민족의 창세신화하고는 확실히 다른 점이기도 하지요. 보통의 창세신화들은 대개 태초에 천지를 만들었다든지 혹은 그저 막연히 세상을 만들었다

이자나미와 이자나기

고 하지만, 일본은 처음부터 일본이라는 나라의 토대가 되는 국토를 만들었다고 아예 못을 박고 있지요.

자, 이제 그 일본의 국토가 어떻게 형성됐는지 살펴볼까요?

하늘나라 다카마가하라에는 가장 높고 위대한 신들이 살았습니다. 그때 땅은 아직 제대로 굳지 않았습니다. 기름처럼 바다 위에 둥둥 떠 있을 뿐이었지요. 최고신들이 남매 신 이자나기와 이자나미를 불러 말했습니다.

"이자나기, 이자나미여, 여기 하늘의 옥으로 만든 창이 있다. 이것을 가지고 내려가 기름같이 떠 있는 땅을 굳게 하고 너희가 다스리거라."

두 신은 명령을 받들었습니다. 하늘 다리에 서서 기름같이 떠 있는 땅에 창을 찔러 넣고 휘저었지요. 얼마나 휘저었을까요. 두 신이 창을 들어 올리자 그 끝에서 소금물 몇 방울이 떨어졌습니다. 그게 굳어 오노고로섬이 되었습니다. 저절로 굳어서 생긴 섬이라는 뜻입니다.

오빠 이자나기와 여동생 이자나미는 곧 그 섬으로 내려가 높은 기둥을 세우고 살 집을 만들었습니다. 둘은 부부가 되었지요.

이자나기가 물었습니다.

"이자나미여, 네 몸은 어떻게 되었느냐?"

이자나미가 대답했습니다.

"내 몸에는 부족한 곳이 하나 있어요."

"좋다. 내게는 남는 곳이 하나 있다. 내 남는 곳으로 네 부족한 곳을 막아 국토를 만들자."

둘은 서로 빙빙 돌며 국토를 만들기로 했습니다. 이자나기가 왼쪽으로 돌고, 이자나미가 오른쪽으로 돌았습니다. 그러다가 얼굴을 마주 보게 되었을 때 이자나미가 이자나기를 보며 칭찬했습니다.

"당신은 얼마나 멋진 남자인가요."

그 후 둘 사이에서 히루코라는 이름의 아이가 태어났는데 불행하게도 손발이 없었습니다. 두 신은 안타까워하며 그 아기를 배에 태워 멀리 띄워 보냈습니다.

이자나기와 이자나미가 다카마가하라의 천신들에게 손발이 없는 아이가 태어난 이유를 묻자 천신들은 여자가 먼저 말하는 게 좋지 않다고 대답했습니다. 이자나기와 이자나미는 다시 한번 하늘 기둥을 돌았고, 이번에는 이자나기가 먼저 말을 걸었습니다.

"이자나미여, 당신은 정말 아름다운 여자로구나."

얼마 후 여덟 개의 섬 아와지섬, 시코쿠섬, 오키섬, 규슈, 이키섬, 쓰시마섬, 사도가섬 그리고 혼슈가 태어났습니다. 이 여덟 개의 큰 섬을 일러 오오야시마라고 합니다. 오늘날 일본 국토를 이루는 뿌리가 된 섬들이지요.

그 후 안개를 입으로 불어넣자 바람의 신이 생겨났습니다. 배가 고플 때 낳은 아기는 우카노미타마라는 곡식의 신이 되었습니다. 그 뒤에도 이자나기와 이자나미는 여러 섬을 낳고 또 많은 신을 낳았습니다. 이자나미는 마지막으로 불의 신을 낳다가 화상을 입어 죽고 말았습니다. 이자나기는 사랑하는 아내의 죽음을 받아들일 수 없었습니다. 그는 죽은 아내 때문에 몸을 던져 가며 엉엉 울었습니다.

여기서는 편의상 여덟 개의 큰 섬만 이름을 들고 나머지는 지명을 생략했습니다. 하지만 『고사기』나 『일본서기』 등 일본 신화를 전하는 책에서는 수없이 많은 지명을 구체적으로 적어 놓고 있습니다. 이 점 역시 다른 민족, 다른 나라의 창세신화와는 굉장히 차이가 나는 점입니다.

참고로 처음에는 이자나미가 먼저 말했는데 이것을 나쁘다고 했습니다. 남자가 먼저 말해야 한다는 것이죠. 이것은 처음부터 그랬다기보다 훗날 남성 우위의 사회가 형성되면서 그 생각이 반영된 결과라고 할 수 있습니다.

생각해 볼 점

❶ 창세신화는 말 그대로 '세상의 처음'에 대해 이야기합니다. 솔직
히 세상의 처음이 어떤 모습인지 본 사람은 없을 것입니다. 그런
데도 훗날 사람들은 마치 눈앞에서 본 것처럼 태초의 이야기를
전해 왔습니다. 그 이유는 무엇일까요?

> **힌트** 알 수 없는 것에 대한 두려움과 호기심으로 여러 이야기를 만들었을 수도
> 있습니다.

❷ 전 세계 창세신화에서 거인의 죽은 몸이 변해 우리가 아는 오늘의
이 세상이 만들어졌다는 이른바 사체화생 신화가 지니는 비중이
작지 않습니다. 초기의 인류는 왜 이런 믿음을 가졌을까요?

> **힌트** 태초의 '거인'은 단지 키가 크다는 뜻만 아니라 우리가 짐작조차 할 수 없
> 을 만큼 엄청난 것, 알 수 없는 것 혹은 혼돈 그 자체를 뜻하기도 합니다.

2장

인류 탄생의
비밀을 찾아서

인간은 대체 왜 태어난 걸까요?
옛날 사람들도 이런 질문을 던졌을 것입니다.
각 민족은 신화를 통해 자기들만의 방식으로
이에 대한 답을 구합니다.

여기저기 인간들이 태어나고

앞서 말했듯 기독교 성서에 따르면 하느님이 세상을 만드는데 사람은 맨 마지막 여섯째 날에야, 그것도 풀과 채소와 나무는 물론 새와 물고기와 짐승보다도 늦게 만들었다고 하지요. 당신의 형상을 따라 남자와 여자를 함께요.

여기에 약간 혼란스러운 부분이 이어집니다. 하느님은 모든 창조를 마치고 이레째 되던 날 비로소 안식에 들었다고 합니다. 그런데 곧 이어서 "여호와 하느님이 땅에 비를 내리지 아니하셨고 경작할 사람도 없었으므로 들에는 초목이 아직 없었고 밭에는 채소가 나지 아니하였으며 안개만 땅에서 올라와 온 지면을 적셨더라"(창세 2:5-6)고 합니다.

그리고 곧바로 최초의 인간을 만든 이야기가 나옵니다. 흙으로 사람을 지은 뒤 코에 생기를 불어넣으니 마침내 사람이 되었다고 하지요. 숨을 쉰 최초의 인간은 분명히 남자인 아담이었습니다. 여자는 더 늦게 아담의 짝으로서 만들었다 하지요.

그럼 여섯째 날에 만든 인간 한 쌍과 아담, 하와가 같은 인물인지 아리송합니다. 하지만 성서를 굳이 그렇게 따지듯 읽을 필요는 없습니다. 만일 그랬다가는 꽤 난처한 일을 더 많이 보게 될 테니까요. 특히 구약의 경우가 더 그렇죠. 요즘의 도덕 기준으로 보면 몹시 불편하고 이해하기 힘든 일들이 수두룩하거든요.

어쨌거나 우리의 관심은 '최초의 인간'입니다. 이스라엘 민족이 아담과 하와를 최초의 인간이라고 여겼듯이, 동양의 민족 또한 제각각 인류의 조상이 되는 최초의 인간에 대해 말하고 있습니다. 그게 누구인지도 다르고 그들의 탄생 과정도 다를 수밖에 없습니다.

최초의 인간은 당연히 인간인 어머니로부터 나올 수 없었기에 그 출생에 얽힌 비밀이 꽤 흥미롭습니다. 하느님처럼 진흙을 빚어서 만드는 경우가 제법 많습니다만, 어떤 경우에는 열매처럼 나무에서 톡 떨어지거나 병아리처럼 알을 깨고 나오기도 합니다. 나아가 조금 지저분한 느낌이 들지만 창조신의 살갗에 붙은 때나 배설물에서 인간이 나왔다고 설명하는 민족도 있습니다. 우리 민족의 경우 벌레에서 최초의 남녀가 나왔다는 창세신화가 전해집니다.

옛날 옛 시절에

미륵님이 한쪽 손에 은쟁반 들고

한쪽 손에 금쟁반 들고

한울(하늘)에 축사하니

한울에서 벌기(벌레) 떨어져

금쟁반에도 다섯이오

은쟁반에도 다섯이라

그 벌기 길러서

금벌기는 사나이 되고

은벌기는 계집으로 마련하고

금벌기 은벌기 자라서

부부로 마련하야

세상 사람이 나왔어라.

일제강점기 때 함경남도 함흥 지방에 살던 김쌍돌이라는 무당이 입으로 전했던 「창세가」 중 한 대목입니다. 이 앞 대목에서는 원래 하늘과 땅이 붙어 있었는데, 하늘이 가마솥 뚜껑처럼 볼록하니 도드라지자 미륵이 그 틈을 타서 땅의 네 귀퉁이에 구리 기둥을 세웠고 이로써 천지가 나뉘었다 합니다. 이어 미륵이 물과 불의 근원이 무엇인지 알아 가는 이야기가 나옵니다.

재미있는 것은 미륵이 물과 불의 근원을 물을 때 처음에는 메뚜기에게 묻습니다. 이에 메뚜기는 펄쩍 뛰며 밤낮으로 이슬과 햇살만 먹고 사는 처지인데 그런 걸 어떻게 알겠냐고 합니다. 그러면서 자기보다 뛰어난 개구리를 추천하죠. 그러나 개구리도 제가 뭘 알겠냐며 생쥐를 추천합니다.

영리한 생쥐는 미륵의 물음에 조건부터 내겁니다. 답을 알려주면 자신에게 무엇을 줄 건지 묻죠. 그러자 미륵이 뒤주를 맡기겠다고 약속합니다. 요즘에야 보기 힘들어졌지만 옛날에는 집집마다 쌀 담아 두던 뒤주가 있었거든요. 신이 난 생쥐는 이렇게 노래를 읊습니다.

> 금덩산 들어가서
> 한쪽은 차돌이오, 한쪽은 시우쇠(철)요
> 툭툭 치니 불이 났소.
> 소하산 들어가니
> 삼취(샘) 솔솔 나와 물의 근본.

미륵이 비로소 불과 물의 근본이 무엇인지 알았다는 이야기입니다. 아무튼 이 이야기에서도 인간보다 동물이 먼저 세상 구경을 했다는 걸 알 수 있습니다.

이렇듯 창세신화에서는 우주 만물이 다 형성된 이후 뒤늦게야 인간이 나타나는 경우가 많습니다. 인간이 무엇보다 귀하고 중요한 존재라서 그럴까요? 더 근원적이고 중요한 질문도 남아 있습니다. 인간은 대체 왜 태어난 걸까요?

아마 옛날 옛적 사람들도 스스로 이런 질문을 던졌을 것입니다. 이때 질문이 굉장히 철학적인 형식을 띨 필요는 없습니다. 어른들이 요즘 사는 게 힘들다면서 팔자타령을 하듯 그냥 "에고, 내 팔자야. 어찌 사람으로 태어나서 이 고생인고" 하고 넋두리할 수도 있겠지요.

그때만 해도 사는 게 지금보다 훨씬 힘들었을지 모릅니다. 어떤 때는 너무 가물어서, 또 어떤 때는 비가 너무 많이 왔죠. 지진이 나서 땅이 쩍쩍 갈라지거나 난데없이 해일이 일기도 합니다. 한밤중에 우르르 쾅쾅 물리고 번쩍번쩍 치는 천둥 번개는 얼마나 무서웠을까요? 벼락이 치면 어디 숨을 데도 없었겠지요. 또 북풍에 눈보라가 휘몰아치면 얼마나 춥고 떨렸을까요? 게다가 먹을 것을 쉽게 구할 수 있었겠어요? 땅을 개간해서 씨를 뿌리는 건 훨씬 훗날의 일이었습니다.

처음에는 그저 눈에 띄는 대로, 있으면 먹고 없으면 굶고 했겠지요. 짐승의 고기를 날로 먹다가 불에 익혀서 먹게 된 것은 그야말로 인류 최초의 '혁명'이었습니다. 그렇더라도 인간의 목숨은 참으로 보잘것없었습니다. 아마 처음에는 평균 수명이 스무 살 남짓했을지도 모르지요. 무서운 전염병이 아니라도 어떤 병에 한 번 걸리면 꼼짝없이 죽고 말았겠죠. 동굴 밖으로 조금만 나가도 사나운 짐승들이 으르렁거리니 하루하루 살아가는 것이 참으로 끔찍한 일이었을 터입니다.

차라리 태어나지 말았으면, 대개 이렇게 생각했을지도 모르지요. 거꾸로 그중에는 그래도 내가 태어난 데에는 반드시 무슨 까닭이 있으려니, 하고 생각한 사람도 있었을 것입니다.

이렇듯 인간의 '존재 이유'에 대해서 스스로 묻고 답하는 과정은 참으로 귀중한 경험이었습니다. 어쩌면 그런 질문과 대답을 통해서 인간이 비로소 다른 영장류하고 구별되는 진짜 인간이 되었는지도 모르지요. 생각할 줄 아는 인간, 즉 호모사피엔스 말입니다.

신화가 탄생한 것도 이와 무관하지 않습니다. 그렇습니다. 인류 탄생의 비밀을 탐구하는 데 화석이나 DNA 표본만 필요한 게 아닙니다. 세계 각 민족은 신화를 통해 자기들만의 방식으로 질문을 던지고 답을 구했던 것입니다.

이제 동양 각 민족의 신화에 인류 탄생의 비밀이 어떻게 전해 오는지 살펴보도록 하지요.

인간 세상을 두고 내기하다
- 몽골 -

앞서 말한 함경도 「창세가」의 뒷부분에는 석가가 나타나서 먼저 있던 미륵과 다투는 이야기가 이어집니다. 굴러온 돌이 박힌 돌을 뺀다고 할까요? 뒤늦게 나타나서는 세상을 누가 다스릴지 정하자는 것이죠.

미륵은 석가의 도전에 응합니다. 그러나 석가는 내기에서 번번이 지고 맙니다. 그러다가 속임수를 써서 마지막 '꽃 피우기 내기'에서 이깁니다. 화가 난 미륵은 석가에게 끔찍한 저주를 퍼붓고 사라지죠.

물론 미륵과 석가는 불교의 부처님들이지만 이 「창세가」를 부른 게 무당이었다는 사실을 기억할 필요가 있습니다. 석가가 속임수를 써서 이겼다는 것은 불교가 뒤늦게 들어와 그동안 미륵을 부처님처럼 모시던 우리 고유의 전통 신앙, 즉 토속적 샤머니즘이 큰 위기를 맞았다는 뜻으로 읽을 수도 있습니다.

이 미륵과 석가의 내기 이야기는 우리나라뿐만 아니라 동북아시아 여러 나라에서도 비슷한 형태로 전해지고 있습니다. 저 멀리 있는 몽골도 마찬가지입니다. 몽골 신화에 따르면 고래 싸움에 새우 등 터진다고 사람은 좀 애꿎게 손해를 본 측면이 없지 않습니다. 사람들이 서로 싸우고 속이고 도둑질하는 나쁜 버릇이 어떻게 생겨난 건지 이렇게 들려주고 있거든요.

태초에 아직 땅은 없고 온 데가 물로 덮여 있었습니다. 세 명의 창조신 식그무니 보르항, 마이다르 보르항, 에첵 보르항이 하늘에서 내려다보니 뭔가 부족했습니다.

"땅이 있으면 훨씬 아름답고 좋을 것 같소."

보르항들은 마음을 모아 땅을 만들기로 했습니다. 보르항이란 말은 위대한 신이나 부처님을 가리키는 말입니다. 따라서 식그무니 보르항은 석가모니 부처님, 마이다르 보르항은 미륵 부처님, 에첵 보르항은 아버지 부처님이라는 뜻으로 새겨도 좋습니다.

그들은 때마침 새끼 열두 마리를 데리고 물 위를 날고 있던 앙가트를 보았습니다. 앙가트란 오리라고도 하고 원앙이라고도 합니다. 아무튼 보르항들은 어미 앙가트에게 이렇게 이릅니다.

"물속에 들어가 검은 흙, 빨간 흙, 모래를 가져오너라."

앙가트는 시키는 대로 했습니다. 세 보르항은 앙가트가 가져온 검은 흙, 빨간 흙 그리고 모래를 물 위에 뿌려 땅을 만들었습니다. 이어 그곳에 나무와 온갖 식물의 씨를 뿌려 자라게 했습니다.

보르항들은 흐뭇한 표정으로 자신들이 한 일을 내려다보았습니다. 온통 물만 있을 때와는 비교할 수 없을 정도로 아름다웠습니다. 하지만 세 보르항은 뭔가 부족한 느낌이 들었습니다.

"저 좋은 땅에서 살아갈 인간을 만들어야겠소이다."

보르항들은 다시 뜻을 모았습니다. 그들은 빨간 흙으로 인간의 몸뚱이를, 하얀 돌로 뼈를, 물로 피를 만들었습니다. 그렇게 해서 한 쌍의 남녀를 만들었습니다. 이어 세 보르항은 이들에게 생명을 불어넣었습니다. 남자와 여자는 금세 활기를 얻어 움직이기 시작했지요.

"자, 이제 우리 중 누가 인간 세상의 주인이 되어 이들을 보살필 것인지 의논합시다."

말이 의논이지 서로 자기가 하겠다고 나서는 바람에 쉽게 결론이 나지 않았습니다. 결국 내기로 결정하는 데 뜻을 같이했습니다. 내기는 각자 그릇을 앞에 놓고 잠을 자는데 자고 난 다음에 누구 그릇에서 빛이 나고 꽃이 피는지 따지자는 것이었습니다.

다음 날 아침, 식그무니 보르항이 맨 먼저 일어나 보니 마이다르 보르항 앞에 놓인 그릇에서 꽃이 피어 환한 빛을 뿜어냈습니다. 그는 얼른 그 그릇을 자기 것과 바꿔치기하고 태연하게 다시 잠들었습니다.

이윽고 세 보르항이 모두 잠에서 깨어 그릇을 보니 식그무니 보르항의 그릇에서 꽃이 피어 빛이 나고 있었습니다. 그리하여 식그무니 보르항이 인간 세상을 보살피고 다스리게 되었지요.

그런데 뒤늦게 마이다르 보르항이 진실을 알아챘습니다. 식그무니 보르항이 그릇을 몰래 바꿔 놓았다는 사실을 말입니다. 그는 식그무니 보르항에게 크게 화를 내며 저주를 퍼부었습니다.

"네가 나를 교활하게 속였구나. 그러니 벌을 받아야 한다. 앞으로 네가 보살필 사람들 역시 서로 속이고 거짓말하고 도둑질하며 살게 되리라."

마이다르 보르항은 에첵 보르항과 함께 하늘로 올라갔습니다. 식그무니 보르항도 마침 볼일이 있어 자기가 기르던 개에게 두 남녀를 지키게 하고 하늘로 갔습니다. 그사이 추트구르(유령)가 나타났습니다. 개가 으르렁거리며 길을 막아서자 추트구르가 말했습니다.

"내 말을 들으면 네게 따뜻한 털도 주고 먹을 것도 주겠다."

개는 그 말에 홀딱 넘어갔습니다. 인간은 추위를 견딜 털이 있고 개는 털이 없었는데 그때부터는 개도 털을 갖게 된 것이었죠.

추트구르는 자고 있던 두 남녀에게 다가가 침을 뱉고 사라졌습니다. 나중에 식그무니 보르항이 하늘에서 내려와 모든 사실을 알아채고 개에게 화를 냈습니다.

"멍청한 놈! 너는 앞으로 언제나 굶주림에 시달릴 것이고, 기껏 사람들이 먹다 버린 거나 주워 먹으며 살게 될 거다! 배고프다고 끙끙거리면 사람에게 매도 맞을 테고!"

그때부터는 개는 털을 얻은 대신 사람이 먹다 버린 밥찌꺼기나 먹게 되었습니다.

식그무니 보르항은 추트구르의 침으로 더럽혀진 두 사람의 털을 뽑아 깨끗하게 다듬어 주었습니다.

여와가 진흙으로
인간을 만들다
- 중국 한족 -

중국 한족의 신화에서는 거인 반고가 세상을 열었다고 했습니다. 한편 인간을 만든 것은 여신 여와였습니다. 이 여와가 누군지에 대해서는 또 다른 이야기들이 전해 옵니다.

우선, 인간을 창조한 여신이기는커녕 사람의 얼굴을 한 뱀이라는 설이 있습니다. 이 이야기에서 여와는 홀로 존재하기보다 흔히 복희와 더불어 부부로 등장합니다. 무덤 근처의 돌에 새겨진 벽화를 보면 둘은 상체는 의관을 갖춘 제법 품격 있는 인간의 모습이지만, 하체는 서로 꼬리를 휘감고 있는 뱀의 형상을 하고 있습니다.

여와는 컴퍼스(규)를 들고 있고, 복희는 구부러진 자(곡척)를 들고 있습니다. 인류 문명의 시조라는 점을 강조하려는 뜻이겠죠. 여와는 인류 최초의 대홍수 때 박을 타고 살아남은 남매 중 누이

동생으로도 흔히 등장합니다. 한족뿐만
이 아니라 여러 소수민족도 이와 유사
한 신화를 지니고 있습니다. 이 경우 큰
홍수 끝에 자칫 끊길 뻔한 인류의 대를
이어 나간 중시조, 말하자면 인류의 두
번째 시조가 되는 셈이겠죠.

여와와 복희

　문제는 여와가 처음에는 당당한 창
조신이었는데 나중에 시대가 바뀌면서 그 역할을 남신에게 빼앗
겼다는 사실입니다. 역사가 흐르면서 세상은 점차 남성 우위의 사
회로 바뀝니다. 이에 따라 맨 처음 어머니이기 때문에 여성에게
주어졌던 창조신의 지위가 차츰 줄어든 것이죠. 여와의 지위는 시
간이 흐를수록 초라해집니다. 나중에는 혼자서 아무것도 하지 못
하는, 반드시 남성인 복희와 함께해야 그나마 능력을 발휘하는 존
재로 물러나고 말지요.

　물론 여기서는 처음 여와가 지녔던 창조신의 역할을 살펴볼 것
입니다. 여와는 왜, 어떤 방식으로 인간을 만들었을까요?

　반고가 세상을 만들고서 다시 꽤 오랜 세월이 흘렀습니다. 봄
이 가고 여름이 오고, 여름이 가고 가을이 오고, 가을이 가고 겨울
이 오고, 겨울이 가고 다시 봄이 오기를 몇백 몇천 몇만 번 되풀이
했는지 모릅니다.

그새 땅 위에는 여기저기 산이 우뚝 솟고, 그 주변으로 강줄기가 굽이굽이 흘렀습니다. 나뭇가지에는 온갖 새가 앉아 지저귀고, 나비와 잠자리는 팔랑거리며 들판 위를 날았습니다. 바람은 살랑거리고 이슬은 푸른 풀잎 위를 또르르 굴렀습니다. 하늘에는 하얀 뭉게구름이 둥실 떠다녔습니다. 용감한 새들은 그 구름을 뚫고 높이 날아오르기도 했습니다. 호수와 바다에서는 갖가지 물고기들이 유유히 헤엄치고 있었습니다.

하늘에서 그 모든 광경을 내려다보던 여와는 입가에 흐뭇한 미소를 머금었습니다.

'참 아름다워.'

보기에만 아름다운 게 아니었습니다. 세상은 온통 푸르고 생동감이 흘러넘쳤습니다. 여와는 이 아름다운 풍경을 언제까지나 보고 있어도 질리지 않을 것만 같았습니다.

그러던 어느 순간, 여와는 문득 낯선 생각이 들었습니다. 제 몸을 보았습니다. 팔이 있고 다리가 있었습니다. 아름다운 몸도 있었습니다. 얼굴에는 눈과 코와 귀가 있었습니다. 제 눈으로 자기를 훑어보던 여와가 땅을 다시 내려다보았습니다. 온갖 짐승이며 벌레가 저마다 달리고 뛰고 기고 숨고 했습니다. 하지만 여와는 무언가 비어 있다는 느낌이 들었습니다.

'나처럼 생긴 것들은 왜 없지?'

여와는 자기와 더불어 이야기를 나눌 상대가 하나도 없다는 데에 생각이 미쳤습니다. 왜냐하면 새, 짐승, 곤충 그리고 물고기는 그저 자기들 생긴 대로 놀거나 먹으며 사느라고 정신이 없었기 때문이었습니다. 입이 있어도 말을 할 줄 아는 생물이 없었지요. 여와는 처음으로 심심하다는 생각을 했습니다.

'그래, 나처럼 생긴 것도 있으면 좋겠어. 그러면 같이 이야기도 나눌 수 있지 않을까?'

쇠뿔도 단김에 빼랬다고 여와는 성큼 지상으로 내려갔습니다. 물론 서둘러 내려오는 바람에 어떻게 만들지는 미처 생각하지 못했습니다.

때마침 그녀가 내려온 곳은 황허 일대였습니다. 황투 고원에서 흘러내린 강물이 산을 굽이치며 휘돌았습니다. 그때마다 누런 강물이 당장이라도 흘러넘칠 듯 요동쳤습니다. 강을 타고 더 내려가자 조금은 잠잠해진 강물이 들판을 유유히 가로지르고 있었습니다. 강변에는 붉은 황토가 쌓여 있었습니다.

여와는 그 황토의 빛깔이 너무 아름다워서 무심코 손을 뻗었습니다. 물기를 머금었으면서도 제법 단단한 진흙이 손바닥에 닿았습니다. 그 느낌이 무척 생소하고도 좋았습니다. 여와는 진흙을 한 줌 떠서 가만히 바라보았습니다. 그러다 문득 좋은 생각이 났습니다.

'그래, 이걸로 만들자.'

여와는 진흙을 주무르기 시작했습니다. 곧 자기와 비슷한 모습을 한, 그러나 몸집은 자기에 비길 수도 없이 아주 작은 사람들이 생겨났습니다. 여와는 신이 나서 진흙을 자꾸 떠서 주물렀습니다. 그때마다 사람들이 생겨났습니다.

얼마쯤 시간이 흘렀을까요? 여와 주변에는 이제 사람들이 가득했습니다. 그들은 저마다 꼬물거리며 기고 걷고 뛰었습니다. 응애응애 하고 우는 사람도 있었습니다. 그렇지만 땅은 넓고도 넓었습니다. 그 넓은 땅에 사람을 채우려면 얼마나 더 많이 빚어내야 할지 몰랐습니다. 여와는 은근히 짜증이 일었습니다.

'이것도 꽤 성가신 작업이네.'

여와는 손을 쑥 진흙 속에 집어넣었다가 귀찮다는 듯이 크게 한 번 훅 떠서 허공에 대고 아무렇게나 휙 뿌렸습니다. 그랬더니 놀라운 일이 벌어졌습니다. 여와의 손을 벗어난 자그마한 흙덩이들이 땅바닥에 떨어지자마자 사람으로 변했거든요. 여와는 제 눈을 의심했습니다.

'오, 이런 방법이 있었네?'

여와는 다시금 진흙을 떠서 허공에 뿌렸습니다. 사람들이 우수수 생겨났습니다. 신이 난 여와는 아예 높은 산으로 올라갔습니다. 거기서 허리를 구부려 진흙을 푹 떠서는 사방으로 던졌습니다. 그때마다 사람들이 생겨났습니다.

이제 여와는 세상 어디를 가도 제가 만든 사람들을 만날 수 있게 되었지요. 더 이상 심심할 새도 없었습니다. 왜냐하면 사람들

은 짐승과 달리 입으로 그저 먹기만 하는 게 아니라 쉴 새 없이 말
하고 떠들었으니까요.

젓가락눈 인간이
탄생할 때까지
- 중국 이족 -

중국 이족의 창세신화 중에 인간의 탄생과 관련해 재미있는 신화가 있습니다. 무엇보다 처음 태어난 인간은 눈이 오늘날 우리와 달리 세로눈(종목)이었다고 합니다. 이 세로눈이 고양이나 메뚜기처럼 위아래로 긴 눈동자를 말하는 것인지는 분명하지 않습니다.

쓰촨성 싼싱두이에서 발굴한 유적 중에 '종목 인면상'이 있는데 눈이 크고 앞으로 툭 튀어나온 형태입니다. 마치 공상과학영화에 나오는 외계인처럼 보이기도 합니다. 이것이 신화 속 인간을 표현한 것이라고 추측하는 학자도 있습니다.

고대부터 진나라까지의 역사가 담겨 있는 『화양국지』에는 촉나라 왕의 선조인 잠총이 세로눈이었다고 합니다. 나중에 그가 죽어서 묻힌 무덤을 '종목인 무덤'이라고 불렀다는 기록도 있지요.

이족이 사는 윈난성의 어느 지역에서는 인간의 눈이 처음에 하나였다가 세로눈으로 변했고, 나중에야 가로눈이 되었다는 신화가 전해 옵니다. 같은 이족이라도 아래에 들려줄

싼싱두이에서 발견된 종목 인면상

「아시더셴지」라는 신화에서는 눈이 변하는 형태가 조금 다릅니다. 어쨌든 먼 옛날 그 지역 사람들은 태초의 인간은 오늘날과는 크게 다른 눈을 가졌다고 생각했는지도 모릅니다.

언젠지는 모르지만 태초에 두 겹의 구름이 있었습니다. 그중 가벼운 구름은 올라가 하늘이 되었고, 무거운 구름은 내려와 땅이 되었습니다. 신들이 제각기 솜씨를 발휘해 세상 만물을 만든 것은 그 이후의 일이었지요. 해와 달과 별이 그때 생겨났습니다. 사람은 자연보다 늦게 생겨났습니다.

남신 아러와 여신 아미가 진흙을 빚어 인간을 만들었습니다. 구체적으로는 여덟 돈의 흰 진흙과 아홉 돈의 누런 진흙을 퍼서 흰 진흙으로는 여자를, 누런 진흙으로는 남자를 만들었습니다. 그런데 열이틀이 지나도록 두 사람은 움직이지 못했습니다.

"아차!"

아러와 아미는 잊은 것을 알아채고 얼른 그들에게 숨을 불어넣었습니다. 둘은 그제야 고개를 까딱거리며 움직일 수 있었습니다. 때마침 하늘에서 바람이 불어오자 비로소 응애응애 울며 소리를 냈습니다. 태양이 이레 동안 따뜻한 볕을 내리 쪼이자 걷기 시작했습니다. 이제 겨우 사람 꼴을 갖추게 된 것이었죠.

아러와 아미는 두 사람을 짝지어 주었습니다. 얼마 후 둘 사이에서 아기가 태어났습니다. 한 명, 또 한 명, 부부는 자꾸 아기를 낳았습니다. 그런데 이상하게도 배 속에서 나오는 아기들은 하나같이 개미 눈이라 아무것도 볼 수 없었습니다.

이상한 일은 하늘에도 일어났습니다. 갑자기 태양이 일곱 개나 나타났던 것입니다. 산도 타고 들도 탔습니다. 강은 마르고 비는 내리지 않았습니다. 개미 눈 사람들은 뜨거운 햇볕 아래 꼼짝없이 타 죽을 뿐이었습니다.

다행히 깊은 동굴로 몸을 피한 한 쌍의 남자아이와 여자아이가 있었습니다. 그 아이들이 동굴 밖으로 나와서는 활을 쏘아 여섯 개의 태양을 떨어뜨렸습니다.

둘은 자라서 결혼했습니다. 둘 사이에서 다시 아이들이 태어났습니다. 그런데 이번에는 눈동자가 메뚜기처럼 세로인 종목인이었습니다. 그들에게도 불행이 닥쳤습니다. 산불이 일어나 모두 타 죽고 말았지요. 천만다행으로 한 쌍의 남자아이와 여자아이만 빼고요.

그 한 쌍의 메뚜기 눈 남녀가 다시 결혼해 후세를 낳았습니다. 3세대 인간이 되는 거였죠. 이번에는 눈동자가 가로로 누워 있긴 한데 귀뚜라미 같았습니다. 그들에게도 불행이 닥쳤습니다. 사람들이 하늘의 뜻을 거스르고 말썽을 일삼자 천상의 금룡신이 큰비를 내렸던 것입니다.

몇날 며칠 억수같이 비가 퍼부었습니다. 세상은 그만 물에 잠기고 말았지요. 그래도 걱정은 이릅니다. 이번에도 한 쌍의 남자아이와 여자아이가 상자를 타고 살아남았으니까요. 둘은 마침 한 부모에게서 나온 오누이였습니다.

시간이 흘러 세상을 집어삼킨 큰물도 어느덧 다 빠졌습니다. 하지만 세상 천지에 사람이라고는 오직 오누이뿐이었습니다. 천신은 인류의 재건을 위해 오누이에게 결혼을 권했습니다. 둘은 아무 대답도 하지 못했습니다. 오누이끼리 어찌 결혼을 하냐며 거부한 것이죠.

"그래도 너희가 새 인류의 조상이 되어야 한다. 봐라, 이 세상 천지에 너희 말고 누가 또 있느냐. 너희가 아니면 인류는 영영 끝장이 날 것이야."

"그래도 어찌 오누이가 결혼을 하겠습니까?"

남매는 누가 먼저랄 것도 없이 이렇게 말했습니다.

"그럼 좋다. 하늘의 뜻을 물어보자."

천신은 오누이에게 하늘의 뜻을 묻는 시험을 치렀습니다. 첫 시험은 오누이가 서로 다른 두 산에 올라가 꼭대기에서 각기 암 맷돌과 수 맷돌을 굴리는 것이었습니다. 맷돌은 쪼르르 굴러 내려와 한 쌍으로 딱 붙었습니다. 다음 시험은 누이가 바늘을 들고 서 있고 오빠가 건너편 산에서 실을 던지는 것이었습니다. 놀랍게도 실은 그 작은 바늘귀 속으로 쏙 들어갔습니다.

그래도 오누이는 고개를 저었습니다. 천신은 마지막 시험을 치르게 했습니다. 오누이가 각기 산꼭대기에서 연기를 피웠는데 두 줄기의 연기가 가운데서 하나로 합쳐졌습니다

오누이는 그제야 하늘의 뜻이 무엇인지 깨달았습니다. 둘은 부부가 되어 행복하게 잘 살았습니다. 그들이 박씨를 심어 자라난 박 속에서 새로운 아이들이 태어났습니다. 그 아이들은 오늘날 우리처럼 눈동자가 젓가락을 가로로 눕힌 것처럼 생긴 젓가락 눈의 횡목인이었습니다.

사람 만드는 일이
이렇게 힘들 줄이야
- 중국 요족 -

요족은 중국의 전체 민족 중 열세 번째로 인구가 많은 민족입니다. 후난성부터 윈난성까지, 나아가 광시좡족자치구와 동남아시아 북부까지 넓은 지역에 분포되어 있는데 주로 산지에 거주합니다.

특히 광시좡족자치구의 요족이 입에서 입으로 전해 온 신화에서는 미뤄터 여신이 중요한 비중을 차지합니다. 한마디로 창조신인 동시에 그들의 시조신이 되는 셈이니까요.

미뤄터 여신의 이야기는 자료가 모아진 후 2002년에 출판됐는데 무려 3,500여 쪽에 이르는 방대한 규모라고 합니다. 여신의 탄생부터 만물과 인간의 기원, 민족의 이주에 이르기까지 자신들의 뿌리와 관련된 모든 이야기를 담고 있지요.

수수만년 전, 세상을 창조한 건 미뤄터 여신이었습니다. 그녀가 천지를 만들고 이어 숲과 들판의 온갖 풀과 꽃과 나무, 강과 호수와 바다의 온갖 물고기, 그리고 땅을 기는 지렁이와 숲을 누비는 멧돼지와 하늘을 나는 새를 만들었습니다. 물론 새우도 만들고 오리도 만들고 소, 말, 돼지도 만들었지요. 아무튼 사람을 빼고는 온갖 것을 다 만들었습니다.

그리고 이제 사람을 만들 차례였습니다. 여신은 처음에 흙으로 사람을 빚었습니다. 그런데 웬걸, 그 모습이 마치 항아리 같았어요. 마음에 들 리 없었지요. 이번에는 밥풀을 다져서 만들어 보았는데 시간이 흐르자 술이 되고 말았어요. 호박과 사탕수수로도 만들어 보았는데 사람과 비슷했지만 알고 보니 그건 원숭이였습니다.

무엇을 가지고 만들든지 죄다 실패작이었습니다. 옆에서 지켜보던 동물들이 비웃을까 걱정될 정도였습니다. 그래도 사람을 만들어야 한다는 집념을 버릴 수는 없었지요. 문득 한 가지가 생각났습니다.

'혹시 여기 땅이 좋지 않아서 그런 게 아닐까? 맞아, 여기보다 훨씬 좋은 장소라면 가능성이 있을지 몰라.'

여신은 어디에 좋은 땅이 있을지 심부름꾼을 보내 알아보기로 했습니다. 먼저 귀먹은 돼지를 보냈습니다. 돼지는 까짓것 문제없다며 의기양양 달려갔지만 산비탈에 이르자 맛 좋은 냄새에 넋을 잃고 말았습니다. 돼지는 흙을 뒤적여 지렁이만 실컷 먹다가 돌아왔습니다.

"아무 걱정 말라고 했던 게 너였지? 근데 이게 뭐냐? 주둥이가 온통 흙투성이로구나."

화가 난 여신은 몽둥이로 돼지의 귀를 때렸습니다. 다음으로 멧돼지를 보냈습니다. 멧돼지는 더하면 더했지 돼지와 다를 바 없었습니다. 얼마 가지도 못하고 땅바닥을 파헤쳐 고구마와 사탕수수 따위만 실컷 먹어 치우고서 빈손으로 돌아왔습니다. 여신은 뜨거운 물을 끼얹어 멧돼지를 내쫓았습니다.

이번에는 곰을 보냈습니다. 곰은 덩치도 크고 늠름했습니다. 의젓하게 일을 잘 처리하리라 믿었죠. 그러나 웬걸요, 곰은 덩치 값도 못 하고 발로 땅을 파고 썩은 등걸을 후벼 파서는 꼬물꼬물 기어 다니는 아주 작은 개미들만 배 터지게 먹어 치웠습니다. 화가 난 여신이 또다시 물을 끼얹자 곰은 온몸이 새카맣게 변한 채 달아나고 말았습니다.

네 번째로 사향노루를 보냈습니다. 사향노루 역시 이슬을 머금은 새파란 풀을 보자마자 환장하고 달려들었습니다. 제가 무엇을 해야 하는지도 다 잊었지요. 여신은 멍청한 사향노루를 불붙은 장작으로 후려쳤습니다. 사향노루는 화상을 입어 물집이 잡힌 채로 달아났습니다. 그 물집은 아직도 사향노루의 배에 남아 있다지요.

땅에 사는 짐승들이 번번이 실패하자 이번에는 새를 보내기로 했습니다. 먼저 딱따구리를 보냈습니다. 딱따구리는 숲에 이르자

꼬리가 기다랗게 갈라진 긴꼬리딱새

나무에 올라가 따다다닥 구멍만 열심히 뚫었습니다. 그러고는 구멍에 부리를 넣어 벌레만 잔뜩 잡아먹었습니다. 여신은 돌아온 딱따구리의 등을 꽃으로 때려 쫓아냈습니다. 딱따구리의 등이 알록달록한 건 그 때문이죠.

이어서 긴꼬리딱새를 보냈어요. 그 또한 다르지 않았습니다. 들에 핀 수세미를 보더니 정신을 차리지 못했지요. 화가 치민 여신이 활을 쏘아 내쫓았어요. 꼬리에 화살을 맞아 꼬리가 그렇게 기다랗게 갈라진 거랍니다.

세 번째로 까마귀를 보냈습니다. 까마귀는 처음 날아갈 때는 한껏 으스대더니 화산 위를 날게 되자 제 임무를 까마득히 잊고 말았습니다. 어디 맛 좋게 익은 고기가 없나 살피느라 제 몸이 까맣게 타들어 가는지도 몰랐습니다. 여신이 목구멍에 돌멩이를 집어넣자 꽥꽥 울부짖으며 내빼고 말았지요.

네 번째로 매를 보냈습니다. 아침밥을 든든히 먹은 매는 점심밥을 도시락으로 싸서 떠났습니다. 매는 하늘을 힘차게 날아올라 이리저리 살폈습니다. 곧 마음에 드는 장소를 찾아냈습니다. 날씨가 따뜻하고 주변 산에는 두견화라고도 부르는 진달래꽃이 발갛게 만발해 있었습니다. 매는 돌아와 여신을 모시고 갔습니다. 과연 여신도 한눈에 반할 정도였습니다.

여신의 눈에 나무 구멍을 오가면서 부지런히 집을 짓는 벌 떼가 보였습니다. 그 모습이 아주 기특하고 아름답게 보였지요. 여신은 그 나무를 통째로 지고 와 상자 안에 넣어 두었습니다. 아홉 달이 지나자 상자 안에서 이상한 소리가 났습니다. 누군가가 막 울고 칭얼대는 소리였습니다. 여신이 눈치를 채고 얼른 상자를 열었습니다.

"성공이야!"

여신은 저도 모르게 크게 소리쳤습니다. 벌들이 들어 있던 나무를 꺼내자 그 속에 조그마한 아기들이 보였습니다. 벌들이 그새 모두 아기로 변한 것이죠. 아기들은 쉴 새 없이 칭얼대고 울었습니다. 배가 고프다는 거였죠. 주변에는 아기들에게 줄 만한 마땅한 것이 없었습니다. 여신은 당황해서 어쩔 줄을 몰랐습니다. 문득 자기 몸에 눈길이 미치자 좋은 생각이 떠올랐습니다. 여신은 제 가슴을 풀어헤쳐 아기들에게 젖을 물렸습니다. 아기들은 그제야 울음을 그치고 방긋방긋 웃기 시작했지요.

그렇게 자라난 아기들이 커서 뿔뿔이 흩어졌습니다. 그들이 이 산골짜기 저 들판으로 나아가 저마다 훌륭한 마을을 일궜습니다. 그것이 인간 세상의 시작입니다.

박에서 나온 인류

- 라오스 라오족 -

창세신화 중에는 알에서 인류가 나왔다고 하는 이른바 난생신화의 비중이 꽤 높습니다. 물론 사람은 포유류라 알에서 태어나지 않습니다. 아마 배 속에서 태아가 자랄 때의 모습이 마치 흰자가 노른자를 둘러싼 알과 비슷하다고 생각했을지 모릅니다. 특히 어떤 민족의 시조나 영웅이 알에서 태어났다고 전해지는 경우가 많습니다. 그런 이들은 다른 사람들과는 뭔가 달라도 다르다고 생각했을 테니 출생부터 남달랐겠죠.

우리 신화도 마찬가지입니다. 고구려의 시조 주몽은 하백의 딸 유화가 해모수와 결혼한 후 낳은 커다란 알에서 태어나죠. 신라의 시조 혁거세도 하늘에서 내려온 백마가 낳은 알에서 태어납니다. 신라의 4대 왕인 탈해왕은 용성국의 왕비인 그의 어머니가 7년간

기도 끝에 알을 낳자 불길한 일이라 여긴 왕이 궤짝에 실어 내다 버린 자식이었습니다. 가야의 수로왕 또한 하늘에서 구지봉으로 내려온 붉은색 보자기로 감싼 금빛 상자 속 황금 알에서 태어났습니다.

난생신화가 얼마나 중요한 비중을 차지하는지 이로써 알 수 있겠지요. 인류가 둥근 태양에서 태어났다거나 박이나 호박처럼 둥근 열매에서 태어났다는 것도 이와 크게 다르지 않습니다. 동남아시아에는 인류가 박에서 태어났다는 신화가 널리 퍼져 있습니다.

까마득한 옛날, 세상은 아주 울창한 밀림으로 덮여 있었습니다. 햇빛 한 점 들어오지 못할 정도로 빽빽한 밀림이었죠. 그 속에는 사람도 없고 짐승도 없었습니다. 오직 하늘에 신들과 정령들만이 있었을 따름이죠.

어느 날 하늘의 신들이 모여 머리를 맞대고 논의했습니다.

"세상에는 마땅히 사람들이 살아야 합니다. 그러니 누구든 저 아래 세상으로 내려가기로 합시다."

신들은 자신들을 잘 따르는 추종자를 내려보내기로 결정했습니다. 한 사내가 선정되었는데 그의 이름은 쿤 보롬이었습니다. 그는 곧 지상으로 내려갔습니다.

그때 밀림에서 덩굴 하나가 뻗어 오르는가 싶더니 숲을 뚫고 올라가 하늘까지 닿도록 자라났습니다. 그곳에 박 하나가 열렸습니다. 바가지를 만들 때 쓰는 박 말입니다. 그 박은 아주 컸습니다. 박이 어찌나 큰지 햇빛을 다 가렸습니다. 이 때문에 지상은 한 치 앞도 내다볼 수 없을 정도로 캄캄해졌습니다.

쿤 보롬은 제가 떠나온 하늘의 신들에게 도움을 요청했습니다. 신 중의 신 프라 인은 다른 신들에게 명령하여 덩굴을 자르고 박에도 구멍을 내도록 했습니다. 신들이 덩굴을 자르자 햇살은 세상 구석구석까지 고루 퍼졌습니다. 지상은 아주 밝고 행복한 장소가 되었지요.

하지만 박에 구멍을 내는 것은 보통 일이 아니었습니다. 신들은 끝을 달군 쇠꼬챙이로 구멍을 뚫었습니다. 박 안에는 수많은 인간이 있었는데 일단 구멍이 뚫리자 다들 밖으로 나오려고 애를 썼습니다. 하지만 구멍이 너무 작아서 도저히 빠져나올 수가 없었습니다.

신들은 이번에는 도끼를 써서 구멍을 냈습니다. 도끼날이 박히자 박의 양쪽에 훨씬 큰 구멍이 났습니다. 이제 인간이 나올 만큼 넉넉히 컸지요.

처음에 쇠꼬챙이가 박 속으로 들어갔을 때 박 안이 타면서 그을음을 만들었습니다. 이후 큰 구멍이 나고 상대적으로 덩치가 큰 형제들이 먼저 비집고 나왔습니다. 그래서 그들은 불에 벼린 쇠꼬챙이 그을음에 그만큼 덜 묻어 살갗이 흰 인간들이었습니다. 뒤늦게 나올수록 그만큼 더 그을음에 몸을 비비적댈 수밖에 없었겠지요. 그들은 점점 까매졌습니다. 그렇더라도 피부 색깔은 아무런 문제가 되지 않았습니다. 그들은 모두 하나의 박에서 나온 형제자매였기 때문이죠.

그들은 세계 곳곳으로 흩어져 인류의 조상이 되었습니다. 그들은 각 지방에서 그곳의 기후에 적응하고 그곳에 어울리는 관습을 만들었습니다. 저마다 독특한 풍습과 문화가 생긴 것도 당연한 일이었습니다. 중요한 것은 어디서 어떻게 살든지 모두 하나의 박에서 나온 형제자매라는 사실입니다.

인간이 창조되고
또 재창조된 까닭은?

- 메소포타미아 -

중동 신화는 문명이 싹튼 곳의 자연환경을 반영합니다. '두 강 사이'라는 뜻의 메소포타미아가 바로 그 자연환경을 대표합니다. 아닌 게 아니라 메소포타미아에서는 두 강이 사람들의 생활에 아주 큰 영향을 미쳤습니다.

특히 주기적으로 일어나는 하천의 범람을 정확히 예측하는 일은 집권자의 중요한 능력 중 하나였습니다. 물론 아무 때나 강물이 넘치지 않도록 둑도 잘 쌓아야 했지요. 또한 교통과 물자의 운반 및 교환을 위해 적절히 물길을 내는 것도 아주 중요한 일이었습니다. 때로는 도시와 도시를 잇는 운하를 건설했는데 이때 많은 노동력이 필요했습니다.

메소포타미아 문명은 이렇듯 티그리스강과 유프라테스강이라는 두 강을 둘러싼 인간의 노동을 떼어 놓고는 생각할 수 없습니다. 메소포타미아의 신들 역시 인간의 노동에 크게 주목했습니다.

이번 이야기는 기원전 17세기 중반 아카드어로 쓰인 바빌로니아 신화입니다. 인간으로서 대홍수에서 살아남는 아트라하시스의 이야기를 담고 있어 아트라하시스 홍수 신화라고도 합니다.

아직 사람이 없었던 시절, 아눈나(큰 신들)는 운하를 파고 있는 이기기(작은 신들)에게 엄청난 노동을 시켰습니다. 그 바람에 이기기는 하루 이틀도 아니고 무려 2,400년 동안이나 중노동에 시달려야 했습니다. 끝없는 노동에 그들의 불만은 머리끝까지 치밀었습니다.

누군가가 외쳤습니다.

"이게 다 바람의 왕 엔릴 때문이다. 그를 자리에서 끌어내자."

"옳소, 우리 모두 쳐들어가자!"

이기기는 엔릴의 집으로 몰려가 싸우자고 외쳤습니다. 연장을 내팽개치고 흙을 담아 나르던 바구니에 불 질러 버렸습니다.

시종이 마침 잠자고 있던 엔릴을 깨웠습니다. 엔릴은 깜짝 놀라 얼굴이 창백해졌습니다. 이기기가 자기 집 대문 앞까지 들이닥쳤기 때문이지요. 그는 하늘의 왕 아누, 물의 왕 엔키를 포함해 아눈나를 죄다 불러 모았습니다. 그들은 시종을 보내 이기기가 무엇을 원하는지 들어 보았습니다.

이기기가 말했습니다.

"우리는 더 이상 운하를 파는 일은 못 하겠소. 너무 힘들어서 뼈가 부러지고 등이 휠 정도라오. 당신들이 우리 같아도 이랬을 거요. 우리는 엔릴하고 싸우기로 결정했소."

엔릴은 시종에게 이 이야기를 전해 듣고 눈물을 흘리다가 갑자기 화를 냈습니다.

"이기기 중 하나를 잡아다가 죽입시다."

그러자 아누가 나섰습니다.

"왜 이기기를 비난합니까? 그들의 노동은 정말 힘듭니다. 매일 울부짖고 있습니다. 그 소리를 못 들었나요? 제게 좋은 생각이 있습니다. 작은 신들을 대신할 인간들을 만듭시다. 그래서 그들에게 멍에를 지우고 일을 시킵시다."

아누의 말에 모두들 찬성했습니다. 아눈나는 어머니 신 닌투에게 이 일을 맡겼습니다. 닌투는 엔키의 도움을 조건으로 내걸었습니다.

엔키는 곧바로 반란을 일으킨 이기기 중 하나를 잡아서 그의 피로 정결한 제사를 올렸습니다. 닌투는 제물의 살과 피에 진흙을 섞었습니다. 그런 다음 신들을 불러 모아 진흙에 침을 뱉게 했습니다. 이기기도 와서 침을 뱉었습니다. 그런 다음 엔키와 닌투는 운명의 집으로 들어갔습니다. 거기서 열네 개의 점토를 하나씩 두 쪽으로 나누어 남자와 여자를 각각 일곱 명씩 만들었습니다. 두

신은 새롭게 탄생한 최초의 인간들을 서로 짝지어 주었습니다.

열 달 후, 여자들이 저마다 아이를 낳았습니다. 그 아이들이 이 기기의 노동을 대신하게 되었습니다. 이기기는 더 이상 땀 흘리지 않아도 되었지요. 그들이 하던 일을 호미와 괭이를 든 사람들이 했으니까요.

사람들은 수로를 파고 둑을 쌓았습니다. 신들은 즐거워했지만 사람들은 너무 힘이 들었습니다. 게다가 얼마 가지 않아 사람의 수가 너무 많아진 탓에 땅이 더 이상 버틸 수 없다며 황소처럼 울부짖었습니다.

그러자 엔릴이 외쳤습니다.

"사람들이 울부짖는 소리 때문에 잠을 잘 수가 없도다. 역병으로 그들을 없애겠다."

엔릴은 다짜고짜 역병을 퍼뜨렸습니다. 그러자 도시의 왕인 아트라하시스는 그가 섬기던 신인 엔키에게 고통을 호소했습니다. 엔키는 아트라하시스에게 역병의 신 남타라를 경배하는 제사를 올리도록 충고했지요. 아트라하시스가 제사를 올리자 역병은 물러갔습니다.

엔릴은 다시 가뭄을 보내 사람의 수를 줄이려고 했습니다. 그러나 현명한 아트라하시스의 대처로 위기를 극복할 수 있었습니다.

엔릴은 또 홍수를 일으키려고 했습니다. 하지만 엔키는 이번에도 아트라하시스에게 어떻게 하면 홍수에서 살아남을 수 있을지 알려 주었습니다.

"재산을 버리고 생명을 구하라. 배를 만들되 가로와 세로를 같은 길이로 하라. 태양이 안을 보지 못하게 지붕을 덮어라. 2층으로 만들어라. 역청으로 이음새를 끈끈하게 막아라."

마침내 비가 오기 시작했습니다. 홍수가 도시를 덮쳤습니다. 아트라하시스는 가족과 함께 배에 올라탔습니다.

대홍수가 물러가고 아트라하시스는 살아남았습니다. 그는 소와 양을 잡아서 신들에게 제사를 올렸습니다. 신들이 그 냄새를 맡고 찾아왔습니다. 그들은 인류를 파멸로 이끌려고 한 엔릴을 비난했습니다. 결국 엔릴은 닌투에게 다시 한번 사람들을 창조하라는 명령을 내렸습니다.

악령의 유혹에 빠진
최초의 인간 남녀
- 페르시아 -

다시 조로아스터교 신화에서 인간이 어떻게 출현하는지 살펴보 겠습니다. 여기서도 선과 악의 대결 구도는 여전합니다. 최초의 남녀가 악령의 유혹에 넘어가는 장면은 기독교의 『창세기』와 유 사합니다. 물론 최후에는 선이 악을 물리치고 인간을 바른 길로 인도하죠. 선신의 이름이 아후라 마즈다(빛과 지혜)인 이유를 절로 느낄 수 있습니다.

아래 이야기는 조로아스터교의 경전 중 하나인 『분다히신』(창 조의 서)에 들어 있는 내용입니다.

최초의 인간은 '죽을 운명을 지닌 인간'이라는 뜻을 지닌 가요 마르트였습니다. 그의 영혼은 창조가 아직 정신적인 차원에서 진행되던 시기에 황소의 영혼과 더불어 3,000년을 살았습니다. 그 후 선신 아후라 마즈다가 그를 육체를 지닌 인간으로 만들었습니다.

처음에 그는 살이 아주 빛나고 흰 데다 키가 큰 열다섯 살 소년의 형상이었습니다. 그가 처음 태어났을 때 세상은 마치 한밤중처럼 컴컴했고, 사방에 온통 나쁜 것투성이어서 어디 바늘 하나 꽂을 땅도 없는 것처럼 보였지요. 하늘은 빙글빙글 돌아가고 있었고 악의 창조물들이 별들과 싸우고 있었습니다.

가요마르트는 황소와 함께 30년을 평화롭게 살았는데 30년이 지나자 악신 앙그라 마이뉴가 나타났습니다. 앙그라 마이뉴는 가요마르트에게 1,000명의 마귀를 보냈습니다. 파리, 해충, 병균 등이 함께 몰려왔습니다. 가요마르트는 마귀들을 쫓아내고 무시무시한 괴물까지 죽였습니다.

앙그라 마이뉴의 사악한 부하 중에 자히라는 여자 악령이 있었습니다. 자히는 먼저 가요마르트의 황소에게 병균을 심었습니다. 그러자 소는 거의 죽을 지경에 이르렀습니다. 이어 앙그라 마이뉴는 가요마르트의 몸에 독이 번지게 했습니다. 이 때문에 가요마르트는 욕망, 굶주림, 질병, 게으름을 비롯해 여러 악령이 보낸 역병으로 고통을 받았습니다. 결국 가요마르트는 숨을 거두고 말았습니다.

가요마르트가 죽자 그의 몸에서 금, 은, 철, 주석, 납 등 여러 광

물이 생겨났습니다. 땅의 수
호신 스펜타 아르마이티는
가요마르트의 씨앗인 금을
조심스럽게 보존했습니다.

40년 후에 그로부터 최초
의 인간 남녀인 마샤와 마시
요이가 태어났습니다. 그들
은 한 줄기에 열다섯 개의 잎
이 달린 대황의 모습으로 태
어났습니다. 이 때문에 처음
부터 열다섯 살로 태어난 것
이었죠.

대황

처음에는 팔이 서로의 어깨를 껴안고 허리가 달라붙어 있었기
때문에 누가 누군지 구분하는 게 불가능했습니다. 하지만 차차 인
간의 꼴을 갖추면서 구분이 가능해졌지요. 어느덧 그들은 인간의
영혼도 갖게 되었습니다.

아후라 마즈다가 두 사람에게 말했습니다.

"너희는 인간의 조상이다. 너희는 나를 따라서 좋은 일을 행하
고 법을 잘 지켜야 한다. 결코 악마를 섬겨서는 안 되느니라."

마샤와 마시요이가 처음 한 말은 아후라 마즈다가 물과 땅, 모
든 동식물, 해와 달과 별을 만들었다는 말이었습니다. 그를 창조

주로 여긴다는 뜻이었죠. 하지만 곧 악령의 정신이 그들을 파고들었습니다. 그들은 이제 이렇게 말하며 즐거워했습니다.

"물과 땅, 모든 동식물, 해와 달과 별을 만든 창조주는 앙그라 마이뉴 님이시다!"

이후 마샤와 마시요이는 날로 사악해졌습니다. 30일 동안 음식을 먹지 않고 들판으로 나갔는데 그곳에서 흰 염소를 보았습니다. 그들은 흰 염소의 가슴에 입을 대고 젖을 마셨습니다.

마샤가 말했습니다.

"나는 젖을 먹기 전에도 행복했지만 젖을 먹고 나니까 훨씬 더 행복해졌다."

다시 30일 후, 그들은 살찐 양 한 마리를 도살했습니다. 그런 다음 대추야자 나뭇가지로 불을 지펴서 고기를 구워 먹었습니다. 그들은 돌로 나무를 깎아서 햇볕을 피할 집도 만들었습니다.

마샤와 마시요이는 이제 앙그라 마이뉴의 영향을 너무 많이 받아서 서로 티격태격 자주 다투었습니다. 그때 악마들이 나타나서 앙그라 마이뉴를 섬길 것을 유혹하자 마샤는 기꺼이 복종했습니다. 마샤는 악마가 사는 북쪽을 향해 염소의 젖을 바치면서 제사를 지냈습니다. 이로써 그들은 악마의 노예가 되었습니다.

50년 후, 마샤와 마시요이 사이에서 쌍둥이가 태어났습니다. 그러나 그들은 각자 한 명씩 아이를 잡아먹었습니다. 아후라 마즈다가 그 모습을 보고 깜짝 놀라 이후 가족을 가질 수 있도록 도와

주었습니다. 그들은 다시 남녀 일곱 쌍의 쌍둥이를 낳았는데 쌍쌍이 서로 부부가 되어 잘 살았습니다. 일곱 쌍둥이는 모두 백 살이될 때까지 살다가 죽었습니다. 물론 그들이 오늘날 여러 인종의 선조가 되었지요.

생각해 볼 점

❶ 몽골의 창세신화에서는 태초에 물만 있었다고 말합니다. 그러다가 신들이 새의 도움을 받아 물속에서 흙과 모래를 가져와 땅과 인간을 만들었다고 하지요. 이런 유형의 신화는 시베리아에서 중앙아시아, 심지어 동유럽에 이르기까지 널리 퍼져 있습니다. 이런 유형의 신화를 구체적으로 살펴봅시다.

> **힌트** 몽골, 시베리아, 중앙아시아에서는 창조자(좋은 신)와 협조자(새나 다른 동물) 그리고 방해자(악마 혹은 나쁜 신)의 삼각 구도, 동유럽에서는 신(선)과 악마(악)의 대립 구도가 일반적입니다.

❷ 인류 탄생과 관련해 현대 과학의 진화론과 종교, 특히 기독교에서 말하는 창조론은 극과 극의 대립처럼 여겨지고 있습니다. 창세신화에서도 이런 대립이나 차이를 찾아볼 수 있을까요?

> **힌트** 유일신이나 여러 명의 신이 흙을 빚어서 인간을 만들었다고 하는 신화는 창조론이라 할 수 있으며, 벌레에서 인간이 나왔다고 하는 우리의 「창세가」는 진화론적 시각을 반영한다고 해석할 수 있습니다.

3장

인간,
시련을
극복하다

자연은 초기 인류에게 끝없는 시련을 안겨 줍니다.
하지만 인간은 오히려 시련을 기회로 삼습니다.
위기를 잘 극복함으로써 더 나은 세상을
만들 수 있다고 믿었던 것이죠.

해와 달을 정리하다

우여곡절 끝에 인간이 태어났지만 곧 시련이 닥칩니다. 특히 자연의 시련은 가혹했지요. 무엇보다 그 시절 하늘에는 해와 달이 지금처럼 하나씩 뜬 게 아니었나 봅니다. 세계 각 지역의 초기 신화를 들여다보면 해도 둘, 달도 둘 뜨는 게 그리 드문 일이 아니었습니다. 어떤 지역에서는 무지막지하게 열 개나 열두 개씩 뜨는 곳도 있었어요.

해는 따뜻하고 달은 차갑지요. 그러나 그것들이 둘, 셋, 심지어열 개, 열두 개씩 뜬다면 어찌 되겠습니까? 낮에는 너무 뜨거워서, 밤에는 너무 추워서 살 수가 없겠지요. 그러니 누구라도 나서서해와 달의 수를 조정해 줄 필요가 있었습니다.

여러 개인 해와 달을 줄이려면 어떻게 하는 게 가장 쉬울까요?

예전 사람들에게는 해와 달을 향해 활을 쏘아 올리는 게 가장 그 럴싸한 방법이었을 것입니다. 남태평양 신화에서는 커다란 올가 미를 만들어 해를 낚아챈 영웅도 등장합니다만, 동북아시아 신화 에서는 활을 쏘아 해와 달의 수를 조정하는 게 가장 흔한 방법이 었습니다. 우리나라 신화에서는 앞서 1장에서 소개한 제주도 「천 지왕본풀이」가 대표적입니다.

세상이 처음으로 생긴 후, 옥황상제 천지왕이 하늘에서 내려다 보니 세상은 아직 질서가 잡히지 않아서 무척 혼란스러웠습니다. 사람을 부르면 귀신이 대답하고, 귀신을 부르면 사람이 대답하는 형국이었죠. 하늘에 두 개씩 뜬 해와 달도 골칫거리였습니다.

어느 날, 천지왕이 꿈을 꾸었는데 해와 달을 하나씩 집어삼키 는 꿈이었습니다. 잠에서 깬 천지왕이 기뻐했습니다.

'옳다. 이는 필시 세상의 질서를 바로잡아 줄 옥동자를 얻을 꿈 이겠다.'

그길로 천지왕은 지상으로 내려와 총명부인이라는 여인을 찾 아갔습니다. 가난했던 총명부인은 천지왕이 내려오자 당황해서 어쩔 줄을 몰랐습니다. 식사를 대접하려는데 고기반찬은커녕 밥 지을 쌀조차 없었거든요. 할 수 없이 이웃 부자 수명장자에게 쌀 을 꾸러 갔습니다. 하지만 수명장자는 고약하게도 쌀에 모래를 섞 어서 주었습니다.

첫술에 돌을 씹은 천지왕은 총명부인에게 물었습니다.

"총명부인, 어떤 일로 첫 숟가락에 돌이 먹힙니까?"

총명부인이 얼굴을 붉히며 사과했습니다. 그러면서 이러쿵저러쿵 사정을 이야기했지요. 수명장자가 마음이 못되어 가난한 이들이 쌀을 빌리러 오면 흰 모래를 섞어 주고, 좁쌀을 꾸러 오면 검은 모래를 섞어 주었는데, 그것도 작은 말로 꾸어 주고는 돌려받을 때는 큰 말로 받았다고 일렀습니다.

"괘씸하구나! 벼락장군과 우레장군을 보내 단단히 혼을 내야겠다."

수명장자의 악행을 전해 들은 천지왕은 당장 부하들을 보내 그의 집을 불태우고 벌을 주었습니다.

며칠 후, 천지왕이 다시 하늘로 올라가려 하자 총명부인이 자식을 낳으면 이름은 어떻게 해야 하냐고 물었습니다. 천지왕은 아들을 낳거든 대별왕, 소별왕 딸을 낳거든 대월왕, 소월왕으로 이름을 지으라고 일렀습니다. 아울러 박씨 세 개를 주며 자식들이 자신을 찾으면 이것을 심으라고 했습니다.

총명부인은 두 아들을 낳아 이름을 각기 대별왕, 소별왕이라 지었습니다. 두 아들이 자라서 아버지를 찾자 총명부인은 박씨 세 개를 주며 심게 했습니다. 그러자 이내 싹이 트고 덩굴이 돋아 하늘까지 뻗었습니다. 형제는 덩굴을 타고 하늘로 올라가 아버지 천지왕을 만났습니다. 천지왕은 형인 대별왕에게 이승을, 동생인 소별왕에게 저승을 다스리게 했습니다. 이승을 다스리고 싶다는 욕심에 소별왕은 형에게 내기를 제안했습니다.

"우리 수수께끼를 해서 이기는 자는 이승을 차지하고, 지는 자는 저승을 차지하는 게 어떻겠습니까?"

하지만 소별왕은 수수께끼에서 번번이 형을 이길 수 없었습니다. 소별왕은 다시 서쪽 하늘에 있는 꽃밭에 꽃을 심어 더 잘 키우는 사람이 이기는 것으로 하자고 제안했습니다. 소별왕의 꽃은 시들었지만 대별왕의 꽃은 보란 듯이 잘 자랐습니다. 그러자 소별왕이 꾀를 내어 대별왕에게 피곤하니 잠을 자자고 했습니다. 그런 다음 몰래 형의 꽃을 제 꽃과 바꾸어 놓았습니다. 잠에서 깬 대별왕은 소별왕에게 속은 것을 알았지만 빙그레 웃으며 결과를 받아들였습니다. 그길로 대별왕은 저승으로 내려갔지요.

소별왕이 하늘에서 내려와 보니, 이승의 상황은 그야말로 대혼란이었습니다. 해가 두 개씩, 달도 두 개씩 뜨는 것은 그렇다 쳐도 풀과 나무, 짐승이 말을 하고, 인간 세상에는 도둑질, 불화, 속임수가 성행하고 있었습니다. 게다가 사람과 귀신이 한데 섞여 살아서 질서라고는 눈곱만큼도 없는 형국이었습니다.

소별왕은 이 혼란에서 벗어나기 위해 대별왕에게 도움을 요청했습니다. 마음씨 착한 대별왕은 친히 이승으로 와서 1,000근이나 되는 활로 해와 달을 하나씩 쏘아 떨어뜨렸습니다. 그런 다음 소나무 껍질 가루를 다섯 말 다섯 되를 뿌리자 풀과 나무, 짐승의 혀가 굳어 말을 못하게 됐습니다. 마지막으로 사람과 귀신을 저울질하여 100근이 넘는 것은 사람으로, 모자란 것은 귀신으로 구별했습니다.

이렇게 해서 자연의 질서를 바로잡았습니다. 하지만 딱 거기까지였지요. 대별왕은 이승에 사는 인간 세상의 질서는 그대로 두었습니다. 그래서 오늘날에도 이승에는 여전히 도둑질, 불화, 속임수가 끊이지 않는 것이지요.

초기 인류가 맞닥뜨린 시련은 한두 가지가 아니었습니다. 해와 달이 여러 개 뜬 것도 그렇고, 지진, 해일, 추위, 더위, 가뭄, 홍수, 천둥, 벼락, 폭설, 산사태, 눈사태 등 자연은 인간에게 끝없는 시련을 안겨 주었습니다. 멀쩡하던 사람이 갑자기 아파 쓰러지는 경우도 수두룩했습니다. 역병이라도 돌면 뻔히 보고도 손쓸 도리가 없었지요. 오죽했으면 역병을 '손님'이나 '마마' 나아가 '역신님'이라고 불렀겠습니까? 도무지 대책이 없으니 그저 잘 구슬려서 더 큰 피해나 막아 보자는 뜻이었겠죠.

그래도 그저 주저앉을 수만은 없었습니다. 인간은 오히려 시련을 기회로 삼았습니다. 위기를 잘 극복함으로써 더 나은 세상을 만들 수 있다고 믿었던 것이죠. 하늘은 스스로 돕는 자를 돕는다고 하잖아요? 정성이 통하면 때로 하늘이 인간을 돕기도 했습니다.

천하 명궁 예,
아홉 개의 해를 쏘다
- 중국 한족 -

요 임금 때였습니다. 하늘에 느닷없이 해가 열 개나 떠올랐습니다. 이때 해는 하늘을 다스리는 천제(天帝)의 아들로, 원칙대로라면 열 명의 아들이 하루에 하나씩 번갈아 가며 떠올라야 했지요. 그들은 어머니 희화와 함께 하늘나라 북쪽의 '부상'이라는 거대한 뽕나무에서 살고 있었지요.

희화는 매일 아침 떠오를 차례가 된 아들을 깨워 '함지'라는 신성한 연못에서 말끔히 목욕을 시켰습니다. 그런 다음에야 아들은 무지개처럼 아름다운 날개옷을 입고, 여섯 마리 용이 이끄는 수레를 탄 채 하늘로 날아오를 수 있었죠. 이런 절차는 단 하루도 어김이 없어야 했지요.

그런데 어느 날 장난기가 발동한 한 아들이 형제들에게 제안했습니다.

"우리 매일같이 똑같은 방식으로 일하는 거 너무 지겹잖아? 열 형제가 나란히 손을 잡고 한꺼번에 떠오르는 건 어때?"

다들 좋다고 손뼉을 치며 형제들은 서로 팔짱을 낀 채 붕 떠올랐습니다. 그러자 세상이 갑자기 환해지더니 지상에서 당장 난리가 났습니다. 산천초목이 새빨갛게 타들어 가고, 커다란 호수가 바닥을 드러내고, 샘이 말라 더는 강물이 흐르지 않았습니다. 여기저기 짐승의 사체가 쌓이고, 우물을 파던 사람들도 지쳐 쓰러졌습니다. 쨍쨍한 햇볕은 온 세상을 다 태워 버릴 기세로 이글거렸습니다.

사람들의 원망이 하늘에까지 뻗쳤습니다. 천제는 깜짝 놀라 어찌 된 일인지 알아봤습니다. 놀랍게도 자기 아들들이 문제를 일으켰던 것이죠. 천제는 책임감을 느끼고 활을 잘 쏘는 예를 급히 불렀습니다. 예는 하늘에서 첫째로 손꼽히는 명궁이었지요.

"이 붉은활과 하얀 화살이 담긴 화살통을 가지고 내려가게. 가서 내 아들놈들이 더는 장난을 치지 못하게 따끔하게 혼내 주게."

예는 명을 받고 지상으로 내려왔습니다. 아름다운 아내 항아가 비단옷을 나풀거리며 함께 내려왔지요.

막상 실상을 접한 예는 입을 다물지 못했습니다. 지상의 모습을 보자 화가 머리끝까지 치솟았습니다. 사람이고 짐승이고 생명은 풀 한 포기까지 죄다 타 죽거나 말라 죽고 있었거든요. 대장간의 쇳물처럼 시뻘건 열 개의 태양은 쉴 새 없이 불덩이를 내던졌습니다. 숨도 제대로 쉬지 못하고 픽픽 쓰러져 가는 사람들이 즐비했습니다.

"고얀 놈들! 더 이상 이따위 못된 장난을 하지 못하게 만들어 주리라."

예는 천제가 준 활을 지체 없이 치켜들었습니다. 그런 다음 태양을 향해 겨누고 차례로 시위를 당겼지요. 예가 누구입니까? 화살이 한 대씩 날아갈 때마다 천공에서는 불덩어리가 펑펑 터지면서 곤두박질쳤습니다. 사람들은 너나없이 환호성을 질렀습니다.

분기탱천한 예의 기세에 놀란 것은 오히려 요 임금이었습니다. 자칫하면 열 개의 태양을 모조리 쏘아 떨어뜨릴 기세였거든요. 현명한 요 임금은 급히 사람을 보냈습니다. 그는 예의 화살통에서 화살 하나를 몰래 뽑았습니다. 그 덕분에 마지막 태양 한 개는 하늘에 남게 되었지요.

이어서 예는 괴수들을 퇴치하러 나섰습니다. 이 역시 지상으로 내려갈 때 천제가 내린 명령이었습니다. 예의 손은 거침이 없었지요. 그의 화살 앞에 온갖 괴수가 맥없이 무릎을 꿇었습니다.

소처럼 붉은 몸뚱이에 어린아이 울음으로 상대를 현혹시킨 뒤 잡아먹는 알유, 끌처럼 난 이빨이 무시무시한 착치, 물과 불의 괴수이자 머리가 아홉 개 달린 구영, 한 번 날개를 움직일 때마다 엄청난 폭풍이 이는 거대한 새 대풍, 코끼리도 한 입에 삼킨다는 거대한 구렁이 파사, 사람과 가축을 함부로 잡아먹고 농사를 망치는 집채만 한 멧돼지 봉희를 차례대로 없애 버렸지요.

천제가 내린 명령을 모두 수행한 예는 다시 하늘로 올라가려고 했는데 갑자기 하늘길이 막혔습니다. 알고 보니 이는 천제의 명령이었습니다.

사실 천제는 기가 막혔습니다. 아무리 자기 아들들이 잘못을 저질렀다고 해도 어찌 모두 죽일 수 있을까요? 그저 짓궂은 장난을 덜 치도록 따끔하게 혼만 내라는 것이었는데 예는 오직 인간의 편에 서서 활을 들었습니다. 그 바람에 천제는 멀쩡한 아들들을 잃고 말았습니다. 천제는 예를 용서할 수 없었습니다.

"오냐, 네가 그렇게 인간을 위한다면 죽을 때까지 인간하고 살려므나."

그 후 예와 그의 아내 항아는 어찌 되었을까요? 그것 또한 다른 한 편의 긴 신화로 이어집니다.

대를 이어
해를 쏜 용사들
- 대만 타이야족 -

해와 달을 쏘는 일이 어찌 만만하겠습니까? 예는 하늘에서 내려온 명궁이니까 임무를 쉽게 완수했겠지요. 보통 사람들로서는 어디 감당할 일이나 되겠습니까? 그래도 어쩔 수 없습니다. 되든 안 되든 인간은 자연의 시련에 맞서 싸워야 하니까요. 그게 인간이 살아가는 또 다른 존재 이유인지도 모르지요.

대만에는 예가 혼자서 처치한 일을 대를 이어 해 나가는 인간 용사들이 있었답니다. 그들은 그 일이 아무리 힘들어도 결코 물러서지 않겠다는 의지만으로 모험에 나섰습니다. 이제 그들의 발자취를 따라가 볼 차례입니다.

참고로 타이야족은 원래부터 타이완섬에 살던 원주민으로 현재는 10만 명이 채 되지 않지만 원주민 중에서는 두 번째로 큰 민족입니다. 대개 대만 중부와 북부의 산간지대에 모여 살았지요.

태곳적 하늘에는 두 개의 태양이 있었는데 그중 하나는 지금의 태양보다도 몇 배나 더 거대했습니다. 말이 태양이지 두 태양은 자주 떠올라서 낮밤의 구분이 따로 없었습니다. 어떤 때는 두 태양이 함께 떠오르기도 했지요. 자연스럽게 꽃과 풀, 나무와 열매가 말라 죽고, 농작물은 제대로 자랄 수 없었습니다. 사람들의 생활은 말이 아니었지요.

"이렇게 사느니 죽느니만 못해."

누구의 입에서든 이런 넋두리가 쉽게 나오곤 했습니다.

어느 날, 족장과 부족민들은 더 이상 견딜 수 없어서 함께 모여 논의를 했습니다.

"이제 더는 버틸 수 없습니다. 태양을 활로 쏘아 떨어뜨리지 않으면 우리는 곧 다 죽고 말 거예요."

"맞아요. 어떻게든 그리해야 합니다."

문제는 누가 그 일을 맡느냐 하는 것이었습니다. 사람들은 모든 것을 족장과 원로들에게 맡겼습니다. 며칠 후, 그들은 부족의 최정예 용사 세 명에게 태양의 땅으로 가서 태양 하나를 활로 쏘아 떨어뜨리라고 명령했습니다. 그 명령에 세 용사는 누구도 마다하지 않았지요.

태양의 땅은 매우 멀기 때문에 세 용사는 준비에 만전을 기했습니다. 특히 등에는 저마다 갓난아이를 한 명씩 업고 떠났습니다. 마을 사람들이 모두 나와 환송하는 가운데 용사들은 힘차게 길을 나섰습니다.

하루가 가고 이틀이 갔습니다. 달이 가고 해가 갔습니다. 태양과의 거리도 점점 가까워졌습니다. 그러나 용사들 또한 점점 늙어갔습니다. 세 용사는 결국 노인이 되어 죽고 말았습니다. 그러나 출발할 때 등에 업고 갔던 아기들이 자라 늠름한 청년들이 되어 있었지요. 청년들은 아버지들의 일을 이어받아 계속 나아갔습니다.

마침내 그들은 태양이 사는 땅에 이르렀습니다. 세 용사는 기회를 엿보다가 적당한 때에 태양을 쏘아 죽이기로 결정했습니다. 다음 날 새벽, 용사들은 산기슭에서 태양이 나타나기만을 기다렸습니다. 태양이 나타나자 셋의 손이 바빠졌습니다. 그들은 두 태양 중 큰 태양을 향해 활을 겨누고 쉴 새 없이 화살을 쏘아 맞혔습니다. 태양은 펄펄 끓는 피를 쏟아 냈습니다. 그 바람에 용사 한 명이 그 피에 휩쓸려 죽었습니다. 다른 두 명도 화상을 입었으나 서둘러 달아났습니다. 두 용사는 임무를 마치고 다시 마을로 돌아갔는데 길이 너무 멀어서 노인이 되었습니다.

두 용사가 도착하기 전에 마을 사람들은 이미 그들이 성공했다는 사실을 알고 있었습니다. 왜냐하면 전에 없던 낮과 밤의 구분이 생겨났기 때문입니다. 사람들은 밤에 뜬 달을 보고서 그것이 화살에 맞아 죽은 태양의 사체임을 알았던 것이죠.

타르박이 된 명궁 에르히 메르겡

– 몽골 –

몽골의 신화나 전설에는 유난히 활을 잘 쏘는 명궁이 많이 등장합니다. 유목민이기 때문에 사냥에 뛰어나지 않으면 살아가기 힘들었겠지요.

다들 활을 어찌나 잘 쏘는지 에르히 메르겡이라는 사내는 마귀가 세 고개 세 들판 너머에 황금 바늘을 놓고 활을 쏘아 바늘귀를 맞히자고 제안하자 이렇게 대꾸합니다.

"그런 건 아이들이나 하는 시합이지요."

그래서 그들은 일곱 개씩으로 거리를 늘렸습니다. 에르히 메르겡이 차례가 되어 활을 쏘자 화살이 일곱 고개를 넘고 일곱 들판을 넘어 황금 바늘의 바늘귀를 정확히 꿰뚫었습니다. 그러고도 힘이 남은 화살은 더 날아가 마주친 산 하나를 온통 태워 버립니다.

나중에 에르히 메르겡은 죽고 나서 다른 의형제들과 더불어 하늘의 북두칠성이 되지요. 다른 신화에도 활을 잘 쏘는 또 다른 명궁이 등장합니다. 그가 땅바닥에 누워서 내내 하늘을 쳐다보고 있자 지나가던 사람이 이상해서 묻지요.

"대체 무엇을 보고 있습니까?"

"내가 쏜 화살이 떨어지길 기다립니다."

"대체 뭘 쐈습니까? 흥, 그게 진짜 화살이면 진작 떨어지고도 남았겠소."

나그네의 말이 끝나기 무섭게 무언가가 우수수 떨어졌습니다. 알고 보니 별들이 떨어진 것이었습니다. 그 별마다 한복판에 화살이 하나씩 꽂혀 있었습니다.

사실 '메르겡'이라는 이름 자체가 명궁을 뜻하는 말입니다. 고구려의 '주몽'이 그랬듯이 말이죠.

몽골을 대표하는 영웅서사시 「게세르」의 주인공 게세르도 어렸을 때부터 신궁이었습니다. 그가 서른 명의 용사와 활쏘기 시합을 벌이는 장면은 유명합니다. 그가 아침에 하늘로 쏜 화살은 저녁이 되어서야 땅으로 떨어졌다 하지요.

그래도 활쏘기 실력은 몽골의 그 누구도 에르히 메르겡을 넘지 못할 겁니다. 그야말로 명궁 중의 명궁으로 아마 지금 시대에 태어났으면 몽골에 올림픽 금메달을 몇 개나 안겨 주었을 것입니다.

아주 먼 옛날, 하늘에 갑자기 일곱 개의 태양이 나타나 강이 마르고 초원이 타들어 갔습니다. 말과 양 같은 가축들은 먹을 게 없어서 픽픽 쓰러졌지요. 사람들도 버텨 낼 재간이 없었습니다. 그때 뛰어난 명궁 에르히 메르겡이 나서며 장담했습니다.

몽골에서 볼 수 있는 다람쥐과 동물 타르박

"걱정할 것 없소. 내가 활을 쏘아서 떨어뜨리면 그만이니까요."

"아, 당신 능력이야 충분히 인정하오. 그래도 그게 어디 말처럼 쉽겠소?"

사람들이 미심쩍어하자 에르히 메르겡은 자존심이 상했습니다. 그는 사람들 앞에서 거듭 장담했습니다.

"흥, 그럼 두고 보시오. 내 장담하건대 태양을 모조리 떨어뜨리지 못하면 엄지손가락을 잘라 버리겠소이다. 그것만이 아니오. 물도 마시지 않고 풀도 먹지 않는 타르박이 되어 어두운 땅굴 속에 들어가리다."

사람들은 숨죽인 채 에르히 메르겡을 지켜보았습니다. 그는 활을 겨눌 때마다 해를 하나씩 맞혀 떨어뜨렸습니다. 곧 하늘에는 마지막 태양 하나만이 남아 있었습니다. 그는 심호흡을 하고 일곱 번째 활시위를 당겼습니다. 화살은 해를 향해 똑바로 날아갔습니다. 그때 갑자기 제비가 지나가다가 화살에 맞았습니다. 화살도 더는 날아가지 못했지요. 제비 꼬리가 갈라진 건 이때부터였다고 합니다.

"오, 이럴 수는 없어."

에르히 메르겡은 분을 참지 못했습니다. 그는 사람들이 말리는데도 얼룩말을 잡아타고 제비를 쫓아가 죽이기로 했습니다. 얼룩말도 그의 뜻을 알아채고 제비를 따라잡지 못한다면 제 관절을 꺾는 것은 물론이고, 안장 얹은 말이 되길 포기하겠노라 맹세했습니다.

그러나 얼룩말은 제비를 따라잡지 못했고, 맹세한 대로 관절이 꺾인 채 초원에 버려져 날쥐가 되었습니다. 에르히 메르겡 또한 스스로 맹세를 지켜 타르박이 되었습니다. 해를 보기 창피하다며 땅속으로 파고들었지요. 타르박은 몽골 초원에서 흔히 볼 수 있는 제법 몸집이 통통한 설치류입니다. 주로 땅굴을 파고 살지요.

한편 하늘에 남아 있던 단 하나의 해는 에르히 메르겡이 마지막 활을 쏘기 전에 이미 높은 산 저편으로 숨었다고 합니다. 그때부터는 세상에 낮과 밤이 교차하게 되었다고도 하지요.

초원에 사는 몽골 사람들은 타르박을 잡아 요리해 먹곤 합니다. 이때 겨드랑이와 어깨 부근의 살은 사람 고기라 하여 먹지 않습니다. 아마 에르히 메르겡의 살이라고 여겨서 그럴지도 모르겠습니다.

이 신화는 몽골 초원의 타르박, 얼룩말, 제비의 기원 신화이기도 합니다. 어떤 이야기에 따르면 얼룩말이 날쥐가 아니라 화가 난 에르히 메르겡에 의해 앞다리가 모두 잘려 얼룩망아지가 되었다고도 하는군요.

인간을 구하고자
역병을 삼킨 대흑천신
- 중국 바이족 -

중국 남부 윈난성은 예부터 날씨가 온화하고 땅이 기름져서 사람이 살기 좋은 곳이었습니다. 그중 얼하이호라는 큰 호수를 끼고 있는 도시 '다리'는 우리식 명칭으로 '대리'라고 하는데, 바로 대리석이 많이 나는 고장으로 유명합니다.

다리는 오랫동안 대리국의 수도였고, 그 이전에는 남조라는 나라가 융성했습니다. 중원에서 보자면 워낙 거리가 멀어서 황허 유역에 대국을 건설한 한족도 쉽게 이곳을 침범하지 못했습니다. 덕분에 이곳에 대대로 살던 바이족은 자기들 나름의 문화와 신앙을 오늘날까지도 꽤 완벽하게 이어 올 수 있었지요.

바이족은 특히 오래도록 본주 신앙을 유지해 왔습니다. 본주는 마을 공동체를 지키는 수호신 같은 존재를 말합니다. 본주에는 신

뿐만 아니라 역사를 빛낸 위대한 영웅이나 장군도 포함됩니다. 물론 예부터 토속적인 자연 신앙과 결부되어 동물이나 바위, 산 같은 무생물도 경배의 대상이 되었습니다.

사실 본주는 누구라도 될 수 있었습니다. 그리스·로마 신화에서 시도 때도 없이 화를 내고 불벼락을 치는 제우스처럼 위압적인 신은 존재하지 않습니다. 생물이든 무생물이든, 장군이든 농민이든, 누구나 본주가 될 자격과 기회를 고루 가지고 있었다는 말이지요. 다리에만 해도 1,000가지가 넘는 본주가 있는 것이 이를 증명합니다.

본주 신앙은 따라서 평등사상을 바탕에 두고 있다고 보아도 좋겠습니다. 본주 중에서 특히 눈여겨볼 본주가 있습니다. 그는 인간을 위해서 스스로를 희생한 본주입니다.

3월 초사흗날, 옥황대제가 조회를 하는데 신선 몇 명이 나타나지 않았습니다. 알고 보니 개인적인 용무로 인간 세상에 내려갔다가 미처 돌아오지 않았던 것입니다. 이에 옥황대제는 분노를 참지 못했습니다.

"대체 무슨 짓들을 하며 인간 세상을 돌아다닌단 말인가!"

옥황대제는 신선들의 뒤를 쫓아 남천문에 이르렀습니다. 그곳에서 인간 세상을 내려다보았는데 옥황대제는 깜짝 놀랐습니다. 인간 세상의 완연한 봄 풍경이 하늘의 궁전을 훨씬 뛰어넘는 것 같았거든요.

복사꽃이 활짝 핀 꽃그늘 아래 남녀가 쌍쌍이 마주 앉아 깔깔거리며 봄을 즐기고 있었어요. 냇가에서 빨래하는 아낙들의 얼굴에도 봄빛이 아롱다롱 곱게 물들었지요. 농사를 짓는 사람들도 다들 행복한 얼굴로 쟁기를 끌고 보습을 떴습니다. 심지어 소나 돼지 같은 짐승들마저 모두 행복한 표정이었습니다. 옥황대제는 속이 몹시 쓰렸습니다.

'으음, 저러니 다들 인간 세상을 찾는 게로구나.'

옥황대제는 충직한 한 시종으로 하여금 역병을 들고 속세로 내려가서 인간을 파멸시키라고 명령했습니다. 누구 말씀이라고 거역하겠습니까? 시종은 몸을 날려 훌쩍 원난성 하늘에 이르렀는데 역병이 든 병을 열려다가 멈칫했습니다.

어떤 여자가 걸어가고 있는데 할머니를 등에 업고 아주 작은 아기는 스스로 걷게 하며 지나가고 있었습니다. 시종은 이상하다고 생각해서 물어봤습니다.

"왜 아기를 업지 않고 할머니를 등에 업었소?"

"아기야 앞으로도 얼마든지 업어 줄 수 있지요. 하지만 어머니는 업어 줄 날이 며칠이나 되겠습니까?"

시종은 그 효성에 감동했습니다. 그러면서 속으로 생각했지요.

'내가 만일 역병을 퍼뜨리고 돌아가면 저 아름다운 인간 세상을 파멸시켰다는 죄책감을 떨쳐 버리기 힘들 것이다. 그렇다고 뿌

리지 않고 돌아가면 옥황대제의 명령을 어겼으니 필히 목을 내놓아야 할 터!'

시종은 병을 든 채 이러지도 저러지도 못하고 있다가 홀연히 수탉이 우는 소리를 듣게 되었습니다. 곧 여기저기 집집마다 명랑한 웃음소리가 새어 나오고, 일찌감치 거리에 나선 사람들의 얼굴은 빛처럼 환했습니다. 그 생명의 소리와 빛이 그의 마음을 뒤흔들었습니다.

'그래, 이 아름다운 세상을 없앨 순 없어.'

시종은 자기를 희생하여 사람들의 생명을 구하기로 결심했습니다. 그리하여 입으로 병을 기울여 역병을 꿀꺽 집어삼켰습니다. 그러자 끔찍한 고통과 함께 곧바로 얼굴이 시커멓게 변했습니다. 온몸에서 진물이 흐르고 살갗은 퉁퉁 부풀어 올랐습니다. 고통을 견디다 못한 그는 하늘에서 툭 떨어지고 말았습니다.

나중에 이 사실을 알게 된 사람들은 그를 경배하며 '대흑천신'이라고 불렀습니다.

생각해 볼 점

❶ 태초에 해와 달이 두 개 혹은 그 이상 떠 있었다는 신화는 최초의 인류가 마주쳤을 자연의 시련이 그만큼 가혹했다는 것을 의미합니다. 그럼에도 인간은 여러 가지 방식으로 그 시련을 극복합니다. 자연의 시련과 인간의 극복이라는 관점에서 창세신화를 다시 한번 읽어 봅시다.

> **힌트** 예컨대 중국 바이족의 대흑천신 신화는 인간 사회를 덮친 전염병이라는 시련을 상징합니다. 인간은 대흑천신의 도움을 받아 그것을 이겨 냅니다. 대만 타이야족의 용사들은 대를 이어 싸운 결과 자연의 시련을 극복합니다.

❷ 몽골의 명궁 에르히 메르겡 신화는 해와 달을 조정하는 창세신화인 동시에 에르히 메르겡이 타르박이 되고 말았다는 동물 기원 신화이기도 합니다. 그런데 많은 경우 기원 신화는 「해와 달이 된 오누이」처럼 우리가 흔히 아는 전설 혹은 민담과 구분이 쉽지 않습니다. 신화와 전설, 그리고 민담의 가장 큰 차이점이 무엇인지 살펴봅시다.

> **힌트** 이야기를 전해 주는 사람들의 태도, 이야기의 배경이 되는 시간과 공간, 구체적인 증거물이 있는지 여부, 이야기의 결말이 비극적인지 낙관적인지 하는 기준에 따라 조금씩 다릅니다. 그렇더라도 여전히 이를 엄격히 가르는 것은 결코 쉽지 않은 일입니다.

4장

인간과 자연의
아름다운 공존

인간은 자연 속에서 삶을 유지합니다.
자연을 거부하거나 외면해서는 살아갈 수 없는 존재이죠.
누가 가르쳐 주지 않아도 초기 인류는
이런 점을 온몸으로 느끼며 살았습니다.

하나의 시소에 함께 올라탄 인간과 자연

인간은 시련이 다가와도 잘 극복해 냈습니다. 그래서 다시 풍요로운 세상이 펼쳐졌죠. 물론 그 세상은 오직 인간만을 위한 세상일 리 없습니다. 거듭 말하지만 『창세기』에서 하느님은 인간에 앞서 온갖 동식물을 먼저 만들었습니다. 아무리 인간이 귀하다고 해도 동식물 없이는 인간 역시 행복한 삶을 꾸려 갈 수 없습니다.

　인간은 제게 맞는 방식으로 살아야 합니다. 곡식도 먹고, 채소도 먹고, 열매도 먹고, 고기도 먹어야 하지요. 고기를 익혀 먹는 것은 다른 동물과 결정적인 차이점입니다. 창세신화에서 불에 얽힌 이야기가 많은 것도 이 때문입니다. 그리스·로마 신화에서 프로메테우스는 인간을 위해 제우스 몰래 불을 훔쳐다 주지요. 그 바람에 바위에 묶인 채 날마다 독수리에게 간을 쪼아 먹히는 벌을 받습니다.

어쨌거나 인간은 자연 속에서 삶을 유지합니다. 자연을 거부하거나 외면해서는 살아갈 수 없는 존재이죠. 그래서 가능한 한 자연을 아끼고 자연과 더불어 사는 일이 중요합니다. 가령 맛있는 열매가 많다고 그걸 한꺼번에 다 먹어 치우면 어떻게 될까요? 짐승이나 물고기도 마찬가지입니다. 씨를 말려 버리면 당장 다음 해에는 어떤 일이 벌어질까요?

누가 가르쳐 주지 않아도 초창기 인류는 이런 점을 온몸으로 느끼며 살았습니다. 비록 수렵·채취 생활을 하더라도 사냥을 지나치게 많이 하거나 열매를 과하게 따는 일은 하지 않았지요.

방글라데시 산탈족의 창세신화 중 이런 이야기가 있습니다. 먼 옛날, 세상은 온통 물이어서 신이 땅을 만들려고 합니다. 오리 한 쌍이 쉴 곳조차 없었거든요. 신은 물속에 있는 흙을 떠서 육지를 만들려고 하지만 번번이 실패합니다. 계속해서 흙이 물에 녹아 주르륵 흘러내리고 말지요.

그때 지렁이, 가재, 게, 새우 같은 동물들이 달려들어 힘을 보탭니다. 거북이더러는 물 위에 떠서 땅을 지탱해 달라고 하고요. 동물들은 부지런히 흙을 떠다가 거북이 등 위로 옮겨 놓았습니다.

처음에는 저렇게 작은 동물들이 무슨 도움이 될까 싶었던 신도 깜짝 놀랄 정도로 일은 척척 진행되었습니다. 마침내 땅이 완성되자 오리 한 쌍이 그곳에 알을 낳았고, 그 알로부터 비로소 인류의 선조인 남매가 태어납니다. 이처럼 신화는 서로 힘을 보태고 돕는 일이 얼마나 귀중한지 가르쳐 주기도 합니다.

사람들뿐만 아니라 자연과도 잘 지내야 하지요. 왜냐하면 인간 또한 자연의 일부이니까요. 우리나라 근대 작가인 김동리의 소설 「무녀도」를 보면 자연과 잘 지내는 게 어떤 것이었을지 짐작하게 하는 장면이 나옵니다.

주인공 모화는 뼛속까지 무당입니다. 그러나 그녀의 아들은 큰 도시로 나가 공부하다가 외국 선교사들을 만나 기독교를 접하고 교인이 됩니다. 소설에서는 두 종교가 빚어내는 갈등을 보여줍니다. 물론 대세는 이미 기울었습니다. 다음과 같은 생각을 가지고 있는 모화가 어떻게 변하고 있는 세상의 험한 파도를 헤쳐 나갈 수 있겠습니까?

눈에 보이든 보이지 않든 세상 만물은 모화에게 '님'이었습니다. 님은 곧 귀신이었고요. 모화는 그 귀신 앞에서 몸을 떨고 아양을 부렸습니다. 모화는 우리의 '귀신'을 서양의 '신'과 다르지 않다고 생각한 것이지요.

모화는 이따금 화를 내기도 했지만 서양의 신도 '님'인지라 함부로 대하지는 않았습니다. 다른 사람들 눈에는 그녀가 이상한 사람으로 보였을 것입니다. 사실 비행기가 날고 기차가 달리기 시작한 20세기 초반에 모화와 같은 생각을 가진 사람은 세상을 견뎌 내기가 힘들었을 것입니다. 아들도 그런 엄마를 이해할 수 없었지요.

모화는 역사가 아니라 신화의 시대를 살고 있었다고 생각할 수 있습니다. 그리고 그 세계에서는 동물이든 식물이든, 사람이든 귀신이든 간에 만물이 자연의 일부로, 좋고 나쁜 것을 떠나 모두 귀하다는 생각이 통용되었을 것입니다.

4차 산업혁명으로 인공지능이 생활 곳곳에 파고든 시대에 과연 이런 생각으로 살아갈 수 있을까요? 물론 거의 불가능할 것입니다. 그러나 최소한 신화를 공부할 때, 예전에는 이렇게 생각하던 사람도 많았다는 사실 하나만이라도 한 번쯤 새겨볼 필요는 있겠지요.

여기 시소가 있습니다. 그 시소에 꼭 인간만 타란 법이 있다고 생각해서는 안 됩니다. 반대쪽에 우리가 기르는 반려동물이 탈 수도 있고, 우리에게 아침마다 아름다운 향기를 선사하는 꽃이 앉을 수도 있는 것이니까요. 그러고도 시소는 얼마든지 평형을 이룰 수 있습니다. 과학 만능의 시대에 납득하기 어렵고 때로 불편하기도 하겠지만, 실제로 이런 생각을 했던 사람들이 우리 앞에 살고 있었습니다.

자, 그들이 올라탄 시소의 맞은편에 누가 올라앉는지 한번 지켜봅시다.

쌀의 여신 데위 스리
- 인도네시아 자와섬 -

아주 먼 옛날, 신들과 사람들이 하늘과 땅을 서로 오가며 지내던 시절이 있었습니다. 그때 하늘의 신들은 이따금 땅으로 내려와 사람들과 이야기를 나누었고, 사람들은 사람들대로 이따금 하늘로 올라가 이것저것 좋은 구경을 하곤 했습니다.

그러던 어느 날, 한 청년이 하늘에 올라갔습니다. 마침 아주 향기로운 냄새가 풍겨 와 입 안에 저절로 침이 고였습니다. 청년은 그 냄새를 따라 발길을 옮겼는데 마침 신들의 식사 시간이었습니다. 청년의 눈에 신들이 먹고 있는 하얀 음식이 신기하게 보였습니다. 곡식 같은데 땅에서는 한 번도 본 적이 없었습니다.

"지금 드시고 있는 게 무엇인가요?"

청년이 공손하게 물었습니다.

데위 스리

"오호, 그렇지. 아래 세상에는 아직 없는 곡식이지, 아마?"

"네, 그렇습니다. 저로선 한 번도 본 적이 없습니다."

"이건 벼라고 하는 식물에서 나온 쌀이네. 이렇게 밥을 하면 아주 맛이 좋지."

청년은 쌀밥을 조금 얻어먹고는 너무 맛있어서 입을 다물지 못했습니다. 그래서 그는 신들에게 물어 쌀의 여신 데위 스리를 찾아갔지요.

"오늘 처음으로 쌀이라는 곡식을 보고 먹었습니다. 저도 여기 하늘에 머물면서 벼농사를 짓고 싶어요. 부디 가르쳐 주십시오."

데위 스리는 청년의 부탁을 기꺼이 들어주었습니다.

"한 톨의 쌀을 얻기 위해서는 손이 많이 간다네. 그만큼 정성이 필요한 것이지. 자, 이제부터 이 벼를 어떻게 재배하는지 차근차근 배우게나."

그때부터 청년은 하늘에 머물면서 쌀의 여신으로부터 벼농사 짓는 법을 차근차근 배우기 시작했습니다. 그는 우선 와루쿠(쟁기)라는 도구로 논을 갈아엎는 법을 배웠습니다. 그런 다음 가루

(써레)라는 농기구로 논바닥을 부드럽게 다지고 평평하게 고르는 법도 배웠지요. 그다음에는 좋은 볍씨를 골라내는 법, 씨를 논에 잘 뿌리는 법, 김매는 법, 추수를 하고 벼를 벗겨 쌀로 만드는 법까지 두루 배웠습니다.

몇 년의 시간이 훌쩍 지나갔습니다. 청년은 이제 가족과 친구들이 그리워서 땅으로 돌아가기를 원했습니다.

'사람들에게 벼농사를 가르쳐 주면 얼마나 행복해할까?'

데위 스리는 청년이 땅으로 돌아가는 것을 허락했습니다. 하지만 쌀은 하늘의 음식이기에 절대 땅으로 가지고 가지 말라고 했죠.

아직 신들이 일어나지도 않은 이른 아침, 청년은 잘 익은 볏단을 한 줌 몰래 옷 속에 넣어서 땅으로 내려왔습니다. 그는 집에 가자마자 하늘에서 배운 대로 볍씨를 심었습니다.

그해는 햇볕이 유난히 따뜻하고 바람도 좋고 비까지 적절히 내렸습니다. 벼는 쑥쑥 자라났습니다. 청년은 땀을 뻘뻘 흘려 가며 열심히 일했습니다. 더운 날에도 그늘을 찾는 대신 논에서 살다시피 했지요. 마침내 때가 되어 추수를 했는데 생각보다 더 풍성한 쌀을 얻을 수 있었습니다. 이웃 사람들과 친구들이 몰려와서 감탄에 감탄을 거듭했습니다.

소문은 곧 자와섬 전체로 퍼졌습니다. 여기저기서 사람들이 몰려와 볍씨를 달라고 아우성을 쳤지요. 청년은 저 혼자만 기쁨을 누리려고 하지 않았습니다. 그 결과, 몇 해 지나지 않아 자와섬 전체가 벼로 뒤덮일 정도가 되었습니다.

한번은 신들이 지상에 놀러 왔다가 그 광경을 목격하고 깜짝 놀랐습니다. 그들은 서둘러 하늘로 돌아갔어요. 왜냐하면 쌀은 하늘의 음식이었기 때문이죠. 신들은 데위 스리에게 이 사실을 알렸습니다.

그러자 데위 스리가 직접 땅으로 내려와 청년을 찾았습니다.

"자네는 어찌하여 내 신의를 저버렸나? 쌀은 신들의 음식이라고 누누이 얘기하지 않았나? 자네는 그걸 훔친 거야."

"여신님, 잘못했습니다. 용서를 구합니다. 하지만 저는 이걸 저 혼자 잘 먹고 잘 살자고 가져온 게 아닙니다. 자와섬에 사는 모든 사람이 다 같이 이 귀한 음식을 먹고 행복했으면 좋겠다고 생각해서 가져온 것입니다. 사실 그동안 이곳 사람들은 허구한 날 물컹물컹한 카사바만 먹고 살았거든요. 제가 죗값을 치러야 한다면 얼마든지 벌을 받겠으니 부디 이 쌀만큼은 남겨 주시길 간청 드립니다."

청년은 허리를 굽혀 여신에게 용서를 구했습니다. 마음씨 착한 데위 스리는 청년을 용서해 주었습니다.

"하지만 자네가 내 허락을 구하지 않고 몰래 쌀을 가져간 벌은 반드시 받아야 하네."

"네, 알겠습니다."

데위 스리는 사람들이 더는 하늘로 올라오지 못한다는 벌을 내렸습니다. 그때부터 사람은 땅에서만 살 수 있게 되었지요.

"그리고 또 한 가지, 앞으로도 벼농사를 잘 짓도록 하게. 벼는 아주 예민한 식물이라네. 그러니 아이를 기르는 것처럼 아주 조심스럽게 정성을 다해 길러야 하네."

데위 스리는 그러고도 못 미더운지 하나부터 열까지 다시금 가르쳐 주었습니다.

"무엇보다 때를 가릴 줄 알아야 하네. 가령 볍씨를 뿌릴 때에도 가장 적당한 시기를 골라 씨를 뿌려야 한다네."

"그때를 어떻게 알죠?"

"하늘에서 신호를 보내겠네. 내가 재스민꽃을 던지면 왈루쿠별 (오리온자리)이 될 거야. 그게 하늘에 나타나면 곧바로 씨를 뿌리라는 신호인 걸세."

데위 스리는 그렇게 일러 주고서 하늘로 올라갔습니다.

그 후, 자와섬 사람들은 누구나 행복하게 벼농사를 지었습니다. 볍씨를 뿌릴 때가 되면 다들 밤하늘을 쳐다보았습니다. 왈루쿠별이 나타나면 한 해 농사를 시작할 때가 되었음을 알았습니다. 그 시기가 되면 어디선가 향기로운 재스민 향기가 풍기는 것 같기도 했지요.

곰의 아내

— 시베리아 오로치족 —

동양이든 서양이든 초기 신화에서는 동물이 인간 못지않게 큰 역할을 담당합니다. 이는 인류가 나타난 이후 가장 먼저 수렵·채취 생활을 했던 사정과 밀접한 관련이 있습니다. 유일신을 믿는 종교가 등장하기 이전의 고대 사회에서 토템을 숭배하는 토테미즘이 강력한 힘을 발휘했던 것도 비슷한 이치라 하겠습니다.

토템이란 혈연이나 지연으로 묶인 집단이 동식물 또는 자연물에 대해 자기들과 같거나 비슷한 기원을 가진다고 믿는 것이죠. 가령 늑대를 자기 민족의 조상이라고 여기는 중앙아시아 유목민족이 적지 않습니다. 거친 초원 지대에서는 늑대가 최상위 포식자이기 때문입니다. 이 경우 당연히 늑대가 그 민족의 토템이 되는 것이죠.

역사적으로 볼 때 튀르크족의 돌궐이 그랬고, 몽골족 또한 푸른 늘대를 조상으로 간주했습니다. 위구르족 역시 푸른 늘대를 자신들의 토템으로 여깁니다. 튀르크족의 시조 오구즈 칸이 태어날 때부터 푸른 얼굴에 입술은 불꽃처럼 붉었고 몸에는 잔털이 가득했다고 묘사하는 것도 이 때문입니다. 보통 사람과 다르게 신비로운 출생을 강조하려는 것이죠. 날고기를 가리지 않고 먹었다는 것도 시조의 용맹함과 탁월함을 강조하는 표현입니다.

북반구 신화에서는 곰과 호랑이도 늘대 못지않게 중요한 비중을 차지합니다. 우리 민족의 경우 고조선 건국신화인 단군신화가 대표적이죠.

시베리아에서도 곰은 가장 유력한 토템 중 하나였습니다. 설명을 덧붙일 필요도 없이 기후가 혹독한 수렵사회에서 곰은 중요한 비중을 차지했기 때문입니다. 실제로 곰은 고기와 가죽, 뼈와 발톱 그리고 웅담에 이르기까지 무엇 하나 버릴 게 없는 훌륭한 사냥감이었습니다. 그러나 곰은 언제나 무서운 대상이기도 했지요. 숲에 들어갔다가 우연히 곰을 만나면 그 자리에서 발이 얼어붙기 마련입니다.

따라서 곰은 이중적 의미를 지녔습니다. 인간의 생존에 아주 유용한 짐승이면서 한편으로 섣불리 깔보고 조롱할 수 없는 위엄 있는 존재였던 것입니다. 그리하여 동북아시아의 많은 민족이 전승하는 곰 신화는 곰과 인간이 자신들과 결코 다르지 않다는 인식까지 보여 줍니다.

예컨대 그들은 곰이 죽으면 가죽을 벗어 버리고 고향으로 가서 사람과 똑같은 모습으로 살아간다고 생각했습니다. 곰은 곧 '숲의 사람'이라고 여겼죠. 현재 러시아 영토에 속하는 동부 시베리아에 소수가 남아 있다는 오로치족의 다음과 같은 신화가 이를 잘 설명해 줍니다.

먼 옛날, 오누이가 살고 있었습니다. 남동생은 매일같이 울면서 졸랐습니다.

"누나랑 결혼하고 싶어."

그 말에 누나는 집을 떠났습니다. 동생은 누나를 찾기 위해 길을 나섰지요. 도중에 우연히 짐승의 지방으로 지붕을 만든 집을 보았습니다.

동생이 그 집을 보며 노래를 불렀습니다.

"누나를 잃어버렸어. 정말 귀찮다."

그러자 집에서 한 여자가 나왔습니다. 그 여자는 동생의 누나였어요.

누나가 말했습니다.

"동생아, 나는 여기서 잘 살고 있어. 그러니 걱정 말고 돌아가. 내 남편은 곰이거든. 그래서 널 죽일지도 몰라."

동생이 돌아가지 않자 누나는 침대 밑에 동생을 숨겼습니다.

저녁이 되어 집에 돌아온 곰이 코를 킁킁거리며 말했습니다.

"집 안에서 남자 냄새가 나는군."

"제 동생이에요."

"그런 줄 알았소. 죽이지 않을 테니 보여 주시오. 내가 설마 처남을 죽이기야 하겠소?"

누나는 동생을 보여 주었습니다. 그들은 함께 살았습니다. 동생은 무럭무럭 자라 활을 잘 쏘는 명사수가 되었습니다.

곰은 매일 집을 나섰는데 동생은 누나의 남편이 밖에서 무슨 일을 하는 건지 알고 싶어 했습니다.

누나가 대신 말해 주었습니다.

"네 매형은 매일 나쁜 곰과 싸운다. 목에 하얀 반점이 있는 곰은 매형이고 붉은 반점이 있는 곰은 나쁜 곰이다. 행여 그 둘을 만나거든 매형을 쏘지 않도록 주의해라."

동생은 숲을 돌아다니다가 두 곰이 싸우고 있는 것을 발견했습니다. 그는 붉은 반점이 있는 곰을 향해 활을 쏘았습니다. 그러나 화살은 매형을 맞히고 말았습니다. 동생이 집으로 돌아가 사실대로 말하자 누나가 슬퍼했습니다.

"네가 매형을 죽였구나."

누나는 숲으로 달아났습니다. 집을 나서면서 이렇게 말했어요.

"숲에서 새끼 두 마리를 거느린 암곰을 만나거든 절대 쏘지 마라. 그 암곰이 바로 나다."

어느 날, 동생이 숲에 갔다가 새끼 두 마리를 거느린 암곰을 보았습니다. 그는 설마 그게 누나일 거라고는 생각지도 못했어요. 결국 그는 그 암곰을 죽였습니다. 죽은 암곰의 배를 가르는데 누나가 쓰던 장신구가 나왔습니다.

'아, 내가 누나를 죽였구나.'

동생은 누나를 묻고 새끼들을 데리고 집으로 돌아왔습니다.

집으로 데려온 새끼 곰들은 굴을 판다며 아궁이의 재를 파헤쳤습니다. 동생은 새끼 곰들에게 굴 대신 통나무집을 지어 주려고 했습니다. 하지만 나무를 하러 나갔다 오니 새끼 곰들이 보이지 않았습니다. 아마 굴을 찾아 집을 나섰을지도 모르지요. 그때부터 오로치족은 곰을 사람이라고 생각했습니다.

유사한 이야기에서 누나는 남편이 동생에게 죽임을 당하자, 아예 곰 가죽을 뒤집어쓰고 두 아이와 함께 길을 떠나는 것으로 나옵니다. 주로 아무르강 하류에 사는 울치족 신화도 크게 다르지 않습니다.

이 신화를 오늘날의 시점에서 도저히 있을 수 없는 일이라고 주장하는 것은 아무 의미가 없습니다. 신화는 그것이 싹튼 시대적 배경에서 이해해야 합니다. 옛사람들은 왜 이렇게 생각했을까요?

앞서 이야기했듯이 그들은 곰에 대해 서로 다른 두 가지 생각을 하게 됩니다. 이것은 그들이 진화의 새로운 단계에 접어들었음을 스스로 증명하는 일이기도 합니다. 가령 인류는 어느 순간부터 아름다운 사람을 꽃에 비유했을 것입니다. 사람은 분명 꽃이 아니지만 아름답다는 점에서 두 가지를 동일한 축에 두고 비교할 수도 있겠지요.

이게 바로 우리가 시에서 흔히 발견하는 시적 비유입니다. 거의 짐승과 다르지 않던 인간이 어느 순간 진화의 새로운 단계에 접어들며 '비유'라는 개념을 익히게 됐다! 이는 실로 놀라운 뇌의 혁명이라고 할 수 있습니다. 그때부터 인간은 자기와 다른 존재에 대해서 '공감'할 수 있는 특별한 능력도 지니게 되었지요. 사실 이런 비유와 공감의 능력이 없다면 어찌 인간이라고 할 수 있겠습니까?

곰에 대해서도 마찬가지입니다.

'곰은 비록 험상궂게 생겼지만 알고 보면 우리와 똑같은 동물이다. 그들도 고향으로 돌아가면 털가죽을 벗고 우리처럼 인간으로 살아간다.'

곰을 이렇게 생각한 민족이 실제로 곰을 만나면 어떻게 대할까요? 당연히 그들은 곰을 소중하게 다루었습니다. 곰을 잡으면 반드시 제사를 지내 넋을 위로하고, 곰의 영혼이 고향으로 가서 잘 살 수 있게 빌어 주었지요. 가죽을 벗길 때에도 마치 모피 옷의 단추를 풀 듯 조심스레 칼질을 했습니다. 고기를 먹고 난 후에도 뼈는 잘 묻어 주었습니다. 턱뼈와 머리뼈를 정해진 위치에 정확히

두는 경우도 있었습니다.

이 밖에 곰과 관련해서 많은 금기 사항이 있었고, 사람들은 그
것들을 지키고자 노력했습니다. 또한 곰을 잡은 다음 축제를 벌이
는 민족도 있는데, 곰을 제대로 대접해서 영혼이 곰의 나라로 잘
돌아갈 수 있도록 의식을 치렀습니다. 이때 곰의 두개골에 예쁘게
화장하기도 하지요.

화장을 하는 것은 곰이 영혼의 세계로 돌아간 후에 자신이 얼
마나 인간들로부터 존중받으며 죽임당했는지, 그리고 인간들이
자신의 몸을 얼마나 정중하고 소중하게 다루었는지 친척 곰들에
게 이야기할 것이기 때문입니다. 그리하여 그들에게 두려움을 느
끼지 않고 인간 마을에 다녀오게 하려는 생각을 갖도록 하는 겁니
다. 이런 민족은 곰을 필요 이상으로 사냥하지도 않았겠지요.

올빼미 신의 노래

- 홋카이도 아이누족 -

이번에는 아주 특이한 신화 한 편을 만나 볼 차례입니다. 먼저 아무런 설명 없이 읽어 보기 바랍니다.

"은방울이 사방에 떨어지고, 금방울이 사방에 떨어지네."

나는 노래를 부르며 마을과 개천 위를 미끄러지듯 날아다녔습니다. 아래를 내려다보니 가난한 사람은 부자가 되었고, 부자는 가난해진 듯 보였습니다. 날고 날아 바닷가에 가니 아이들이 장난감 활을 가지고 놀고 있었습니다.

"은방울이 사방에 떨어지고, 금방울이 사방에 떨어지네."

나는 다시 노래를 부르며 아이들 머리 위를 날아다녔습니다. 그러자 아이들이 뛰어다니며 말했습니다.

"예쁜 새다. 신성한 새다. 활을 쏘자. 신성한 새를 가장 먼저 쏘아 잡는 사람이 진짜 영웅이다. 진짜 남자다."

가난했다가 이제 막 부자가 된 아이들이 황금 활에 황금 화살을 걸어 나를 향해 쏘았습니다. 그 황금 화살들은 내 주변을 스쳐 지나갔습니다.

아이들 중에서 특별한 소년 하나가 그저 그런 활을 가지고 있었습니다. 옷차림으로 보건대 소년은 가난한 것 같았습니다. 그러나 소년의 눈은 고귀한 조상의 후손임을 알려 주고 있었습니다.

아이들은 크게 웃으며 이렇게 말했습니다.

"이 더러운 비렁뱅이야. 저 신성한 새는 우리가 황금 화살을 쏘아도 못 잡았는데 너 같은 놈이 잡을 수 있겠어? 농사꾼의 그저 그런 활, 썩은 나무로 만든 화살로 행여 건드릴 수나 있을까?"

아이들은 이렇게 말하면서 불쌍한 소년을 발로 차고 때렸습니다. 소년은 그들을 무시하고 나를 향해 활을 겨눴습니다. 그것을 보자 나는 동정심이 일었습니다.

"은방울이 사방에 떨어지고, 금방울이 사방에 떨어지네."

나는 이렇게 노래를 부르며 천천히 돌았습니다. 소년은 아랫입술을 질끈 물고 활시위를 당겼습니다. 나는 날아오는 작은 화살을 손으로 받고서 아래로 빙그르르 떨어졌습니다.

아이들이 앞다투어 달려오는 바람에 먼지가 뽀얗게 일었습니다. 내가 땅바닥에 닿았을 때 소년이 가장 먼저 달려와 나를 집어 들었습니다. 아이들은 마구 욕을 퍼부으며 소년을 밀치고 때렸습니다.

"이 더러운 꼬맹이가 우리 것을 빼앗았어."

소년은 나를 옷 속에 감추고는 아이들을 밀치고 달아났습니다. 아이들이 돌멩이를 던졌지만 소년은 재빠르게 달아났습니다. 소년은 어떤 오두막 앞에 이르자 나를 그 집의 동쪽 창문에 올려놓았습니다.

집 안에서 부부가 나왔습니다. 그들은 정말 가난해 보였습니다. 그들은 나를 보더니 깜짝 놀라며 공손히 절을 했습니다. 그러고는 허리띠를 고쳐 매고 머리를 조아리며 말했습니다.

"위대한 올빼미 신이시여. 미천한 농사꾼의 누추한 오두막에 와 주셔서 감사합니다. 부디 저희의 감사를 받아 주십시오. 잘살다가 지금은 이렇게 쪼그라들어 가난뱅이가 되었지만, 예전에는 이 지방의 신들이 종종 우리 집을 방문해 주셨습니다. 위대한 신이시여, 날이 저물었으니 오늘 밤은 이곳에서 묵으시길 간곡히 부탁드립니다. 허락해 주십시오."

부부는 몇 번이고 내게 간청했습니다. 그런 다음 담요를 깔고 나를 동쪽 창문 곁에 놓았습니다. 그리고 곧 집 안의 모든 사람이 코를 골며 깊게 잠들었습니다.

나는 잠깐 앉아 있다가 한밤중이 되어 일어났습니다.

"은방울이 사방에 떨어지고, 금방울이 사방에 떨어지네."

나는 조용히 노래를 부르며 사방으로 날아다녔습니다. 날개를 퍼덕일 때마다 값진 보석이 떨어졌습니다. 보석들이 흩어지면서 사랑스러운 소리를 만들었습니다. 한순간에 오두막은 신성한 보석으로 가득 찼습니다.

"은방울이 사방에 떨어지고, 금방울이 사방에 떨어지네."

거듭 노래를 부르며 오두막을 황금 집으로 바꾸고 영주의 집보다 훨씬 황홀하게 꾸몄습니다. 그리고 곳곳에 황홀한 보석을 가득 채워 놓았습니다. 일을 끝내고 아까처럼 다시 앉았습니다.

나는 이 집의 사람들이 아이누 니스파(위대한 인물)에 대한 꿈을 꾸게 했습니다. 이들의 집에서 머물면서 그들의 행운이 어떻게 달아났는지, 사람들이 그들을 어떻게 조롱하고 고통스럽게 만들었는지, 그것을 보면서 내가 그들을 어떻게 동정하는지 그리고 그들에게 내 축복을 어떻게 전하는지 모두 알려 주었습니다.

그 일을 하고 나자 밤이 새벽에 길을 터 주고 사람들이 모두 일어났습니다. 그들은 눈을 비벼 집을 보다가 쓰러질 뻔했습니다. 여자는 크게 울음을 터뜨렸고, 남자는 굵은 눈물방울을 떨어뜨렸습니다. 그러다 곧 그들은 내 앞에 와서 수없이 머리를 조아리며 말했습니다.

"우리는 그저 꿈을 꾸고 잠을 잤다고 생각했습니다. 하지만 당신은 실제로 이 모든 걸 우리를 위해 해 주셨습니다. 보잘것없고 허름한 집에 친히 나타나셔서 우리를 기쁘게 해 주셨습니다. 위대한 땅의 신이시여, 당신은 우리의 불운을 보고 동정을 베풀어 주셨습니다. 지금도 축복이 넘쳐 나도록 여전히 쌓이고 있습니다."

부부는 눈물을 흘렸습니다. 그들은 나무를 잘라서 그것으로 신에게 바치는 조공물인 '이나우'를 만들었습니다. 그런 다음 그것으로 나를 꾸며 주었습니다. 여자는 새 옷을 만들고, 소년은 옆에서 나무를 모으고 물을 긷는 일을 도왔습니다. 그런 다음 술을 준비했습니다. 남자는 높은 제단 앞에 여섯 잔의 청주를 놓았습니다.

나는 오래된 굴뚝의 여신들을 부르고 다른 많은 신들에게도 말했습니다. 이틀이 지나도록 청주 향이 공중을 떠돌았습니다. 그건 신들이 아주 좋아하는 특별한 향이었습니다. 그런 다음 소년을 다시 허름한 모습을 꾸며 마을로 보내, 가난했다가 지금은 부자가 된 사람들을 초대하도록 했습니다.

소년은 집집마다 다니며 내 말을 전했습니다. 그러자 사람들은 크게 웃었습니다.

"좋아, 신기하네. 거지들이 청주를 갖고 있단 말이지. 함께 잔치를 벌이자고. 모두를 초대한 것 같은데 가서 잘난 노력을 한번 봐주자고. 정말 우스울 게야."

사람들은 떼로 모여 오두막으로 갔습니다. 하지만 정작 소년의 집을 보자 그들 중 일부는 충격을 받고 그 즉시 집으로 돌아갔습니다. 어떤 사람들은 땅바닥에 주저앉았습니다. 그때 여자가 밖으로 나와 사람들의 손을 잡고 안으로 데리고 들어갔습니다. 그들은 비굴하게 바닥을 기었습니다. 한 사람도 제대로 얼굴을 들지 못했습니다. 그때 남자가 나타나서 뻐꾸기처럼 분명한 목소리로 말했습니다.

"우리가 가난했을 때, 우리는 이처럼 자유롭게 오갈 수 없었지요. 하지만 위대한 신이 우리를 동정하셨습니다. 사악한 생각을 갖고 있지 않아서 축복을 받은 것입니다. 이제부터 우리는 온 마을 사람들과 한 식구처럼 지낼 것입니다. 지나간 과거는 과거로 돌리고 앞으로 모든 사람이 자유롭게 우리에게 찾아오길 기원합니다."

남자의 말에 사람들은 지난 일을 사과했습니다. 그리고 이제부터 모두 친구로 지내자고 말했습니다.

모든 이가 나를 경배했습니다. 그런 다음 즐거운 마음으로 축제를 시작했습니다. 불의 여신, 집의 신 그리고 제단의 오래된 여신들과 이야기하는 동안 나는 그들이 인간들의 춤을 추며 즐겁게 깡충거리는 모습을 보았습니다.

며칠이 지나고 잔치가 끝났습니다. 사람들 사이가 좋아진 것을 보니 흡족했습니다. 그런 다음 불의 여신, 집의 신, 제단의 여신들하고 이별했습니다. 나는 곧 내 집으로 돌아왔습니다. 내 집은 사랑스러운 이나우와 최고급 청주로 가득 차 있었습니다. 나는 여러 신에게 전갈을 보내 잔치에 초대했습니다.

잔치에 참석한 신들에게 내가 방문했던 인간 마을과 그곳에서 있었던 일을 들려주었습니다. 신들은 나를 칭송했습니다. 그들이 돌아갈 때 나는 모두에게 아름다운 이나우를 몇 개씩 나누어 주었습니다.

나는 마을 사람들을 보면서 이제 모두 평화롭게 어울려 살기를 바랐습니다. 다시 한번 마을의 입구에 들렀을 때, 이미 부쩍 성장한 소년이 결혼해서 아내와 아이들과 함께 아버지와 어머니를 공경하며 사는 것을 보았습니다. 이제 그는 잔치를 열 때마다 내게 이나우와 청주를 보냅니다. 나는 영원토록 인간 세상을 지켜 줄 것입니다.

어떤가요? 참 특이하지요? 내용은 간단합니다. 가난한 아이가 올빼미를 잡아 집으로 가져오자 그의 부모가 잘 모셨다. 그랬더니 그날 밤 올빼미 신이 그들을 부자로 만들어 주었다. 그들은 마을 사람들을 불러 잔치를 베풀었다. 그동안 가난한 이들을 외면했던 마을 사람들은 이제 다 함께 어울려 잘 지내자고 약속했다. 올빼미 신은 흡족한 마음을 안고 제 집으로 돌아갔다. 그때 이나우와 청주를 가지고 돌아갔다. 올빼미 신은 주변 신들을 불러 잔치를 베풀었다. 신들은 앞으로도 그 마을에 종종 들르자고 입을 모았다. 이런 이야기입니다.

중요한 것은 이 모든 이야기를 들려주는 '나'가 바로 올빼미라는 사실입니다. 이것은 원래 아이누 사람들이 부르는 신요, 즉 '신의 노래'라고 하는데, 이렇게 신이 1인칭 시점에서 노래를 부르는 게 특징입니다. 세계적으로 이런 형식을 가지고 있는 신화는 아주 드물어서 중요하다고 할 수 있습니다. 그렇다면 이런 형식이 왜 중요할까요?

1인칭 시점에서는 이야기를 들려주는 화자가 곧 이야기의 주인공입니다. 여기서는 올빼미 신이 화자이자 주인공이지요. 그렇다면 이 신요를 부를 때 아이누 사람들은 어떤 심정일까요? 그들은 자신들이 마치 올빼미 신이라도 되는 양 이 노래를 부를 것입니다. 이심전심. 내가 노래를 부른다면 올빼미 신의 입장을 더욱 잘 이해하게 되겠지요.

맨 처음 소년이 활을 쏘아 올빼미를 잡는 장면을 다시 살펴보면 이렇습니다.

"은방울이 사방에 떨어지고, 금방울이 사방에 떨어지네."
나는 이렇게 노래를 부르며 천천히 돌았습니다. 소년은 아랫입술을 질끈 물고 시위를 당겼습니다. 나는 날아오는 작은 화살을 손으로 받고서 아래로 빙그르르 떨어졌습니다.

소년이 활을 쏜 것은 맞지만 화살을 잡은 건 올빼미인 '나'였습니다. 나는 한때 부자였다가 가난해진 소년이 불쌍해서 동정을 베풀었던 것이지요. 그렇게 잡아 온 올빼미를 보고 소년의 부모는 깜짝 놀라 감사를 표합니다. 그리고 잘 모시지요.

왜 이런 형식의 노래를 부르게 되었을까요? 아이누 사람들은 사냥을 하며 살아갔습니다. 다른 생명을 죽여야 내가 살아갈 수 있는 것이죠. 이때 그들은 자기들이 뛰어나서 사냥을 잘한다고 생각하지 않았습니다. 그들은 자연 앞에서 늘 겸손했지요. 어쩔 수 없이 곰과 올빼미와 사슴을 잡지만 그것들을 함부로 다루지 않았습니다. 그래야 그 짐승들의 영혼이 자기네 고향으로 돌아가서 친구들에게 잘 이야기해 주리라 믿었습니다.

"인간 세상에 갔더니 이렇게 잘 대접해 주지 않겠나?"

이렇게 말하면서 받아온 이나우와 청주를 보여 주면 친구들도 인간의 마을을 방문하고픈 마음이 들지 않겠습니까?

물론 이것은 당연히 인간이 만들어 낸 이야기일 뿐입니다. 그러나 그저 사냥을 많이 하기 위해서 눈 가리고 아웅 하는 이야기일까요? 그렇지 않습니다. 인간이 동물의 시선에서 이야기를 만들고 노래 부르는 순간, 인간은 동물의 처지를 그만큼 더 잘 이해하게 됩니다. 따라서 곧 인간과 동물이 결코 다르지 않다는, 비록 겉모습은 다르지만 둘 다 자연의 귀중한 일부라는 사실을 되새기게 될 것입니다.

앞서 이야기했지만 인간이 인간일 수 있는 것은 어쩌면 바로 이렇게 처지를 바꿔서 생각할 수 있는 능력, 즉 공감 능력이 있기 때문일지도 모릅니다. 이는 물론 인간과 동물이 자연이라는 시소를 함께 탔다고 생각할 때 가능한 일이겠지요. 아이누족 신화는 평범하면서도 귀중한 사실을 아주 잘 표현하고 또 일깨워 주고 있

아이누족

습니다. 아이누족은 일본 북부 홋카이도의 원주민이었습니다. 그들은 현재의 일본인과 체격이며 얼굴 형태 등이 크게 달랐지요. 무엇보다 그들은 춥고 험한 땅에 살면서 자기들만의 독특한 문화를 지켜 왔습니다. 그들은 자신들이 다른 짐승들과 다를 게 없다고 생각했습니다. 새 한 마리를 잡아도, 연어 한 마리를 잡아도 소중하게 생각한 건 그 때문이었지요. 그런데 19세기 중반에 일본이 홋카이도를 정복해 식민지로 만들었습니다. 그때부터 아이누족은 일본 국적을 가지게 되었고 일본에 동화되는 슬픈 운명을 지니게 되었습니다.

현재 많은 아이누인이 관광객을 위해 자신들의 문화와 풍습을 보여 주며 생계를 꾸려 가고 있습니다. 사냥으로 먹고사는 사람은 거의 사라졌지요.

신의 물고기 연어

- 홋카이도 아이누족 -

아이누족 신화를 한 편 더 보도록 하지요. 연어에 관한 신화입니다. 아이누인들이 사는 홋카이도 지방에는 연어가 많아서 이런 신화가 생겨났습니다. 이 역시 그들이 자연과 어떤 관계를 맺고 있는지 잘 보여 주는 신화입니다.

어떤 아이누인이 고기를 잡으러 바다로 나갔다가 갑작스럽게 풍랑을 만나 6일 동안 표류했습니다. 먹을 것도 없고 물도 떨어져 거의 죽기 직전이었는데 갑자기 눈앞에 땅이 나타났습니다. 어부는 파도에 떠밀려 그 땅 해변에 닿았습니다. 그곳에서 그는 아주 예쁜 개울을 발견하지요. 개울가를 따라서 얼마쯤 걸었을 때, 그는 사람이 아주 많은 곳에 이르렀습니다. 사람들을 따라 추장 집으로 가니 신령스럽게 생긴 노인이 있었습니다.

노인이 그에게 말했습니다.

"여기서 하룻밤을 보내면 내일 고향으로 돌아갈 수 있을 것이오. 그렇게 하겠소?"

아이누인은 고개를 끄덕였고 그곳에서 하룻밤을 보냅니다.

다음 날, 추장이 말했습니다.

"우리 마을 사람 중 몇 명이 함께 자네 고향으로 장사를 하러 떠날 거요. 그러니 그들을 따라가면 집에 갈 수 있을 겁니다. 그들이 당신을 배에 태워 주면 바짝 엎드려야 하오. 결코 고개를 들어 그들을 보아서는 안 됩니다. 머리를 꼭 바닥에 대야 한다는 말이오. 그렇게 해야만 돌아갈 수 있소. 그렇지 않고 고개를 든다면 사람들이 크게 화를 낼 거요. 거듭 말하건대 절대 보지 않도록 하시오."

곧 여러 대의 배가 보였는데 배마다 사람이 가득했습니다. 이윽고 배가 출발했습니다. 아이누인은 그중 한 배에 올라타자마자 머리를 바닥에 대고 엎드렸습니다. 배에 탄 사람들은 즐겁게 노래를 불렀습니다.

얼마 후, 그들은 땅에 도착했습니다. 그때 아이누인이 살짝 눈을 떠 보니 강이 보였어요. 강어귀에서 사람들은 국자로 물을 길어 조금씩 마셨습니다. 그러면서 서로 이렇게 말했지요.

"이 물은 참 맛있어."

배의 무리 중 절반 정도가 그 강을 따라서 올라갔습니다. 하지만 아이누인이 탄 배는 여행을 계속했습니다. 마침내 그의 고향에 도착했습니다. 선원들은 아이누인을 물에 던졌습니다. 그는 자기가 꿈을 꾸고 있다고 생각했지요. 이제 그는 혼자였습니다. 배와 선원들은 어디론가 사라졌습니다. 아이누인이 집으로 돌아와서 잠을 자는데 꿈을 꿨습니다.

꿈속에 추장이 나타나 말했습니다.

"나는 사람이 아니고 신성한 물고기인 연어들의 왕일세. 네가 물에 빠져 다 죽게 되었을 때 내가 너를 구해 주었지. 너는 단지 하룻밤을 잤다고 생각하겠지만 실은 인간 세상의 시간으로 1년이었다. 그 후, 너를 고향으로 돌려보냈지. 이제 나를 위해 쌀로 술을 빚어 바친다면 아주 좋겠네. 그리고 내 명예를 위해 성스러운 상징물을 준비하고 이렇게 말하면서 제사를 지내게. '나는 신의 물고기 연어 대왕님께 이 술을 바칩니다'라고 말일세. 만일 나를 경배하지 않는다면 가난해지고 말 걸세."

잠에서 깨어난 어부는 추장이 말한 대로 했습니다. 그 후, 그는 연어를 많이 잡을 수 있었습니다.

우리는 흔히 연어는 바다에서 살다가 강으로 올라온다고 말합니다. 이건 어디까지나 뭍에 사는 사람의 시선입니다. 사람은 강이 산에서 시작해 바다로 흘러간다고 생각하지요. 연어는 바다에 있다가 강을 거슬러 올라오는 것이고요. 그러니 어부들은 강 상류

쪽에서 기다리고 있다가 강을 거슬러 올라오는 연어를 잡는 셈입니다.

거꾸로 바다에서 살다가 때가 되어 강으로 가는 연어의 시선으로는 거슬러 오르는 게 아니라 그저 자연스러운 여행일지 모릅니다. 이처럼 누구의 시선으로 보느냐 하는 문제는 꽤 중요합니다. 앞서 올빼미나 곰의 경우에서 봤듯이 이렇게 해야 상대방의 입장도 잘 이해할 수 있게 될 테니까요.

한번 '연어의 나라'에 갔다 온 아이누의 어부가 연어를 어떻게 대하겠습니까? 올빼미 신이 소년의 화살을 직접 자기 손으로 붙잡은 것처럼 연어가 고맙게도 스스로 잡혀 주었다고 생각하지 않을까요? 그러니 더욱 정성스럽게 연어의 신에게 제사를 통해 감사를 표하겠지요. 이런 식이라면 올빼미가 손해고, 곰이 손해고, 연어가 손해라고 생각하지 않아도 될 것입니다. 아이누인들은 그런 제사나 혹은 축제를 통해 올빼미와 곰과 연어의 영혼을 그들의 고향, 즉 '신의 나라'로 보내 준다고 생각했습니다.

이처럼 아이누인의 신화는 자연 속에서 자연을 존중하면서 살아가는 법을 대를 이어 가르쳐 주고 있는 것입니다. 그들의 시소는 반대쪽에 누가 타든 결코 어느 한쪽으로 기울지 않았습니다.

생각해 볼 점

❶ 오늘날 첨단 과학 시대에도 허무맹랑한 이야기처럼 보이는 신화가 여전히 우리에게 의미가 있다면 무엇 때문일까요? 우리가 신화에서 배울 수 있는 점은 무엇인지 생각해 봅시다.

힌트 특히 신화는 인간이 거대한 우주(세상)에 비해 아주 작은 존재라는 사실을 일러 줍니다. 그런데 인간이 그런 자신의 존재를 잊고 교만해지거나 함부로 자연을 대하면 그에 따르는 벌을 받는다는 사실도 가르쳐주고 있습니다.

❷ 아이누족 신화는 결국 인간이 올빼미를 잡고 연어를 잡는 이야기입니다. 그렇다면 신화는 인간이 저지른 잘못을 변명하는 이야기에 불과하지 않을까요?

힌트 먹고살기 위해서 어쩔 수 없이 다른 동물이나 식물을 먹어야 하는 게 인간의 '존재 조건'이자 '존재의 모순'입니다. 신화는 인간이 스스로 이러한 존재 조건을 극복하거나 모순을 해결하기 위해 꾸며 낸 이야기이기도 합니다. 중요한 것은 함께 자연계를 구성하면서 인간에게 희생되는 그 '다른 존재들'에 대해 어떻게 생각하고 대하느냐 하는 점일 것입니다.

5장

인간의 탐욕이
불러온
재앙

신화는 인간과 자연의 관계에 대해서,
그리고 삶과 죽음의 문제에 대해서,
인간 스스로 중요하게 의식하고
끝없이 생각을 이어 왔다는 사실을 보여 줍니다.

인간의 탐욕에
경종을 울리다

태초의 세상이라고 인간과 자연이 조화로웠을지는 사실 아무도 모를 일이지요. 하지만 세계 대부분 민족의 신화에는 인간이 창조된 이후 한 번쯤은 크게 곤욕을 치르는 이야기가 나옵니다. 이것은 애초 하늘에 해가 일곱 개나 떴다는 것과는 또 다른 이야기입니다. 일단 해와 달을 조정하거나 귀신과 인간을 구별해서 인간이 제법 편안히 살 수 있게 되었는데 새로운 문제가 발생했다는 것이니까요. 그리고 이번에는 자연이 아니라 인간이 더 큰 원인을 제공했다는 데 문제의 핵심이 있습니다.

태초에 풀이 말하고 바위가 걸어 다니고 먹지 않아도 배가 부르곤 했는데, 그만 사람이 어떤 잘못을 저질러서 크게 벌을 받는다는 이야기는 세계 어느 민족의 신화에나 나옵니다. 앞서 인도네시아 쌀의 여신 신화에서처럼 인간의 탐욕으로 하늘 길이 막혔다는 이야기도 꽤 많습니다.

무엇보다 인간에게 가장 큰 벌은 '죽음'입니다. 그전까지 신들과 마찬가지로 영생을 누리던 인간이 신을 모독했거나 큰 잘못을 저질러서 또는 자기도 모르게 큰 실수를 해서 죽음을 선고받습니다. 이로써 죽음은 인간에게 가장 큰 숙제로 남게 되는 것이지요. 영원히, 쉽게 해결할 수 없는 숙제로 말입니다.

인류는 통째로 절멸의 위기에 내몰리기도 하지요. 이때 상상을 초월하는 대홍수가 일어나 인간 세상을 물바다로 만들어 버리기도 합니다. 물론 그 엄청난 홍수 속에서도 인류는 꾸역꾸역 살아남습니다. 기독교 『창세기』에 나오는 그 유명한 '노아의 방주'처럼 세계의 수많은 민족은 갖가지 방식으로 그 위기를 이겨 냅니다. 그런 다음 살아남은 사람들이 새로운 인간 세상을 만드는 것이죠. 이를 따로 인류의 '재탄생 신화'라고 부르기도 합니다.

어떤 민족은 현재의 세상이 종말을 맞이해야 장차 새로운 '다음 세상'이 올 수 있다고 믿습니다. 사람이 늙고 병드는 것처럼 세상도 너무 오래 되면 늙고 병들어 악도 그만큼 널리 퍼지게 된다고 믿었던 것입니다.

이렇듯 신화는 인간과 자연의 관계에 대해서, 그리고 삶과 죽음의 문제에 대해서, 인간 스스로 중요하게 의식하고 끝없이 생각을 이어 왔다는 사실을 보여 줍니다. 비록 그 원인이나 해결책에

대한 해석과 설명이 엉뚱하거나 유치할지라도 신화의 문제의식
만큼은 오늘날까지 고스란히 이어지고 있는 것이지요.

　이제 인간의 탐욕이 어떠한 재앙을 불러왔는지 함께 살펴봅시
다.

곡식이
날아 다니던 시절
- 중국 다이족 -

아주 오랜 옛날에 곡식은 사람처럼 마음과 영혼이 있으며 말도 하고 걸어 다닐 수도 있었습니다. 게다가 다 익으면 스스로 한 쌍의 날개를 움직여 부지런히 일한 사람들의 창고로 날아 들어갔습니다. 제가 척척 알아서요.

그때 어떤 마을의 수령이 외지에서 한 여인을 데려와 살았습니다. 한데 그 여인이 게으르기가 이루 말할 수 없었습니다. 사흘을 푹 자야 겨우 일어났고, 일하러 밭에 나가는 경우는 가뭄에 콩 나듯 했습니다. 물론 그때는 가뭄도 없었지만요. 아무튼 마을 사람 모두가 그녀를 게으름뱅이라고 부르며 손가락질했습니다. 그래도 그 여인은 눈 하나 깜짝하지 않았습니다.

'흥, 애써 일할 게 뭐 있어? 낟알이 제가 스스로 알아서 광으로

들어갈 텐데.'

가을이 와서 곡식이 무르익었습니다. 다른 사람들의 창고는 금세 낟알로 가득 찼습니다. 한편 그 여인의 창고는 어찌 되었을까요? 놀랍게도 단 한 톨의 곡식도 들어가 있지 않았습니다. 여인은 화가 났지만 당장 식량이 급했기 때문에 들에 나가서 곡식들에게 사정했습니다.

"인간의 생명을 구하는 곡식들이여, 우리 집 곳간에도 와 주세요."

곡식들이 한결같이 입을 모아 대답했습니다.

"흥, 당신은 게으르잖아요. 우리는 게으름뱅이 집에는 갈 수 없어요."

그날 밤 화가 난 여인은 몽둥이를 들고 들로 나가 곡식들을 마구 때렸습니다. 그때 곡식의 날개가 부러졌고, 이후 곡식은 더 이상 스스로 날아다니지 못하게 되었습니다. 사람들이 그 여인을 원망하며 쫓아내려고 했지만 수령은 오히려 여인을 두둔했어요. 그러자 여인은 점점 더 게을러졌지요.

어느 날 여인은 수령에게 말했다.

"밥알이 너무 커요. 어떤 건 오리알만큼 커서 입 안에 넣고 씹기도 힘들다고요. 밥 먹을 때 이가 시큰거릴 때도 많아요. 차라리 씹어 먹지 않는다면 좋겠어요."

수령은 그 말에 전적으로 동감했습니다. 수령은 곡식을 돌로 빻아 작은 알갱이로 만들어 먹었습니다. 그때부터 곡식의 크기가 훨씬 작아지게 되었다는데, 글쎄 이게 좋은 건지 나쁜 건지 쉽게 짐작하기는 어렵네요.

이와 비슷한 신화 역시 도처에서 발견됩니다. 앞서 미물들이 서로 돕는 창세신화로 소개했던 인도나 방글라데시의 소수민족인 산탈족의 경우에도 거의 유사한 신화를 전승하고 있습니다. 처음에는 곡식이 다 자라면 저절로 겉껍질이 벗겨졌고, 목화는 다 익으면 아예 훌륭한 옷감으로 변했습니다. 게다가 사람들은 허리 숙여 머리 감을 필요가 없었는데, 이는 언제든 필요하면 머리를 떼어서 물에 씻으면 되었기 때문입니다.

그러나 이 모든 행복이 하루아침에 게으른 한 사람 때문에 무너지고 맙니다. 그는 들에 나갔다가 벼 끝에 매달린 잘 익은 쌀을 보고 침이 꿀꺽 넘어갔지요. 그래서 얼른 손으로 따서 입에 넣었습니다. 하지만 그게 큰 잘못이었습니다. 바로 직전 그는 화장실에 다녀온 참인데 손을 깨끗이 씻지도 않고 신성한 벼를 만졌던 것이죠.

그 바람에 모든 행복은 물거품처럼 사라지고 말았습니다. 사람의 머리는 몸에 딱 달라붙었고, 벼는 수확해도 다시 찧고 빻아야 했으며, 목화도 일일이 따서 실을 잣고 물레를 돌리는 등 수없이 품을 들여야 겨우 옷감이 되었습니다. 나아가 풀도 더는 말하지 않게 되었고, 바위도 걸어 다니지 않게 되었고요.

인간이 스스로 꾸려 가는 삶에 만족하지 않고 오만해지거나 과도한 욕심을 꾀하면 그에 따른 벌을 받는다는 교훈이겠지요. 다만 이와 유사한 신화에서 대체로 문제를 일으키고 잘못을 저지르는 사람이 대부분 여성으로 설정되어 있는 것은 그 자체로 또 큰 문제가 아닐 수 없습니다. 아마 역사가 막 시작되던 시대에 모계제가 해체되면서 남성이 주도권을 가진 사회로 세상이 빠르게 변한 현실을 반영한 게 아닌가 합니다.

인류와 돌의 전쟁

- 중국 이족 -

무분별한 개발이 지구온난화를 초래하고 그 결과 유사 이래 처음 겪는 자연재해가 지구 곳곳에 나타나고 있습니다. 그래도 사람들은 환경이 얼마나 파괴되었는지, 그게 얼마나 심각한 문제인지 쉽게 깨닫지 못했지요. 더 많이, 더 빨리, 더 편하게! 이런 것들이 사람들의 유일한 가치가 되었으니까요. 자연은 오직 착취와 개간의 대상으로 남아 있을 뿐이고요. 더러 사람들이 지구가 신음하는 소리에 귀를 기울이기 시작했지만 때는 이미 늦었습니다.

최근에는 미세먼지가 우리의 일상을 급속히 바꿔 놓았어요. 어느 날 문득 창밖의 어둑한 하늘을 본 사람들은 공포를 느꼈습니다. 비로소 문제를 실감했던 것이죠. 그래도 세상에는 여전히 그 미세먼지가 자기 탓이 아니라고 여기는 사람이 훨씬 많습니다. 그들은 이렇게 말하지요.

"이러니 진작 청정 에너지원을 사용하는 '원자력발전소'를 더 많이 세우자고 할 때 했어야지 왜 반대했죠?"

그들은 원자력이 곧 '핵'이라는 사실을 악착같이 부인하려 하지요. 어쨌거나 인간이 개발이라는 명목을 내세워 자연을 파괴한 대가를 혹독하게 실감하는 이즈음, 다음과 같은 신화는 소박하나마 우리에게 공존의 가치를 새삼 일깨워 줍니다.

태초에 천신이 돌에게는 능히 달릴 수 있게 했고, 사람에게는 장생불사를 약속했습니다. 사람들이 태어나서 죽지 않으니 머지않아 인구가 급속히 증가했습니다. 이 때문에 점점 더 많은 땅이 필요했지요. 들판만으로는 모자라서 사람들은 산 위로 올라가 바위를 부수고 돌을 깼습니다.

이에 화가 난 돌들은 거꾸로 산 아래를 향해 돌격을 개시했지요. 마구 달려오는 돌 때문에 애써 일군 논밭이 형편없이 변해 버렸고, 들판에서 한가로이 풀을 뜯던 가축들도 상처를 입었습니다. 사람들은 화가 나서 돌이며 바위를 보는 대로 부수거나 강에 내던져 버렸어요. 그런 싸움이 하루도 빼놓지 않고 이어졌습니다.

그러던 어느 날, 한 노인이 바위가 많은 깊은 산속에 올라갔다가 우연히 청동을 발견했습니다. 노인이 그 사실을 알리자 사람들은 산 위로 올라가 돌을 쪼고 바위에 구멍을 내었습니다. 돌들의 분노가 하늘을 찌를 수밖에 없었습니다.

'이래서는 도저히 살 수가 없다. 너 죽고 나 죽고 나가 싸우자.'

바위와 돌은 이런 뜻으로 결의를 다졌습니다.

그리하여 사람들이 모두 깊은 잠에 빠진 한밤중에 수만 개의 바위와 돌이 한꺼번에 산 아래를 향해 굴렀습니다. 집이 무너지고 그 안에 있던 사람들이 죽거나 크게 상처를 입었습니다. 가축도 어디 피할 데가 없었습니다.

천신이 이를 보고 서둘러 지상에 내려왔습니다. 사람들은 지혜가 있어 천신에게 이를 하소연했습니다.

"살려 주십시오. 아무리 인간이 밉다고 해도 이럴 수는 없는 일입니다. 저들의 만행으로 죄 없는 어린아이들까지 얼마나 피를 흘렸는지 모릅니다."

하지만 바위는 애초부터 지혜가 없어서 묵묵히 있을 따름이었지요. 입도 없으니 미안하다는 말 한마디 하지 못했지요.

화가 난 천신이 바위에게 말했습니다.

"너희는 인간을 함부로 공격해서 상처를 입히거나 죽게 했다. 그 벌로 이제부터는 제자리에서 꼼짝하지 못하게 하겠노라. 더 이상 예전같이 걷거나 뛰지 못할 것이고 스스로 번식하는 것도 금지될 것이다."

천신은 사람들에게도 벌을 주었습니다.

"너희는 너무나 많이 번식했기에 이처럼 산 위에까지 올라오기에 이르렀고 결국 수많은 바위와 돌을 부수었다. 따라서 너희에게 내렸던 장생불사의 은혜를 거두겠노라."

몇 년 몇 월 며칠이라고 콕 찍어 말할 수는 없어도 그때부터였지요. 바위는 더 이상 제멋대로 움직일 수 없게 되었고, 인간은 장생불사는커녕 길어야 고작 100년인 수명을 살다 죽음을 맞이했습니다.

인간의 입장에서는 개간이지만 당하는 쪽의 입장에서는 무분별한 파괴일 수밖에 없지요. 이런 사실을 일깨워주는 신화가 많이 존재한다는 것은 역설적으로 우리 인류가 일찍부터 자연과의 조화로운 공존을 얼마나 중요하게 여겼는지 보여 주는 것이라고 할 수 있습니다. 늦었다고 생각할 때가 가장 빠른 때라는 말을 새삼 가슴에 새길 때입니다.

인간의 선택
- 인도네시아 술라웨시섬 -

앞의 중국 이족 신화는 공존의 교훈을 일깨우는 동시에 죽음이 어디서 비롯했는지를 알려 주는 기원 신화이기도 합니다. 민족마다 죽음의 기원에 대한 생각이 다 다릅니다. 그중 금기를 어기거나 혹은 어처구니없는 실수나 탐욕 때문에 인간이 영생의 기회를 잃었다는 신화가 꽤 많은 비중을 차지합니다.

동남아시아에 전해 오는 다음의 신화도 이런 범주에 속합니다. 하지만 다 읽어 보면 인간이 했다는 실수가 과연 그토록 큰 실수인가 싶어서 오히려 좀 불쌍해 보일 정도입니다. 사실 전 세계 신화 중에는 이보다 훨씬 말도 안 되는 이유로 죽음이 비롯했다는 기원 신화가 수두룩합니다.

예를 들어 심부름을 하는 개나 원숭이 같은 짐승이 하느님의 말씀을 잘못 알아듣거나 깜빡 잊어 먹어서, 가령 "영원히 살아라!"라고 말해야 할 것을 "한 번만 살아라!"라거나 "영원히 살지는 못한다!"라고 전해서 인간이 그만 죽음을 맞이하게 되었다는 식이지요.

실로 어처구니없지만 어차피 피할 수 없는 죽음이라면 너무 심각하게 받아들일 필요가 없다는 뜻 아닐까요. 아니면 이렇게 가볍게 받아들이는 대신 사는 동안만이라도 열심히 살아야 한다는 뜻인지도 모르지요.

세상의 창조가 아직 다 끝나지 않은 때였습니다. 손을 뻗어 닿을 정도는 아니었지만 하늘과 땅이 무척 가까이 붙어 있었습니다. 땅에는 딱 한 쌍의 남녀가 살고 있었습니다. 신이 가끔 그들에게 선물을 내려보냈습니다.

어느 날 하늘에서 밧줄이 내려왔습니다. 남자와 여자는 밧줄 끝에 매달린 것을 보고 어리둥절하지 않을 수 없었습니다. 거기에는 달랑 돌멩이 하나가 묶여 있었거든요.

"대체 이걸로 뭘 하란 겁니까?"

남자와 여자는 하늘에 대고 소리쳤습니다. 조금 짜증이 난 목소리였겠죠. 대답이 들리지 않아서 이번에는 더 큰 소리로 외쳤습니다.

"이런 거 말고 다른 걸 주세요. 우린 다른 게 필요해요."

그러자 밧줄이 스르르 올라갔습니다. 신이 밧줄을 잡아당긴 거였죠. 남자와 여자는 잔뜩 기대를 품고 기다렸습니다. 얼마 후 하늘에서 다시 밧줄이 내려왔습니다. 밧줄 끝에 무언가 과일 같은 게 매달려 있었습니다.

그건 바나나였습니다. 남자와 여자는 기뻐하며 바나나를 덥석 잡았습니다. 그때 하늘에서 목소리가 들렸습니다.

"너희는 바나나를 선택했다. 따라서 너희의 인생도 바나나처럼 되리라. 바나나는 나고 죽었다가 다시 난다. 바나나가 자라서 열매를 맺으면 부모가 죽을 것이다. 시간이 흐르면 자식들이 그 자리를 차지하지만 그들 또한 죽을 것이다. 너희가 만약 돌을 선택했다면 달랐겠지."

"어떻게요?"

"돌처럼 영원히 살았을 테니까."

남자와 여자는 그 말을 듣고 울부짖었지만 이미 때는 늦었습니다. 인간은 그때부터 죽음을 피할 수 없게 되었던 것입니다.

순간의 선택이 평생을 좌우한다는 말이 있어도 이건 좀 너무하다 싶은 결말입니다. 그러나 이렇게 생각해 볼 수도 있습니다. 죽음이 인간에게 피할 수 없는 존재인 이상 이를 인정하고 어떻게든 잘 받아들이는 일이 무엇보다 중요하다고요. 제아무리 죽음을 부정해도 인간은 언젠가는 죽게 마련이니까요.

그리스·로마 신화에서는 오히려 죽지 못해 고통받는 한 가련한 여인의 이야기가 전해집니다.

쿠마에라는 도시에 미래를 내다보는 한 아름다운 여인이 살았는데, 예언의 신 아폴론이 그녀를 보고 단번에 사랑에 빠집니다. 그러나 그녀는 코가 높고 도도했습니다. 천하의 아폴론이 아무리 유혹해도 눈길조차 주지 않았습니다. 그러자 애가 단 아폴론이 자기하고 결혼하

아폴론

면 무엇이든 해 주겠다고 약속합니다. 말 그대로 무엇이든요. 그 여인이 대뜸 이렇게 말합니다.

"그래요? 그럼 이만큼의 수명을 내게 주세요."

여인은 모래를 한 줌 쥐어 아폴론에게 보였습니다. 그렇게 그녀는 1,000년의 수명을 얻었습니다. 하지만 한 가지, 그녀가 잊은 게 있었습니다. 그건 그만큼을 청춘으로 달라고 하는 거였어요. 그녀는 어떻게 되었을까요? 나중에 그녀는 변심하여 아폴론을 다

시 거부하는데, 화가 난 아폴론은 그녀에게 잔인한 복수를 합니다. 그녀가 잊은 청춘을 모른 척 돌려주지 않은 것이죠.

그때부터 그녀는 아무리 늙고 꼬부라졌어도 마음대로 죽지도 못하는 끔찍한 고통에 시달려야 했습니다. 나중에 그녀는 항아리 속에 들어가 거미처럼 달라붙은 채 살았는데, 누가 소원을 물으면 죽는 것이라고 대답했답니다.

대홍수와 샨족의 부활

- 미얀마 샨족 -

태초의 신화에서 가장 두드러진 것은 세상의 절멸을 불러온 대홍수입니다. 이 홍수신화는 세계 도처에 두루 나타나는데 우리나라에도 있습니다. 「목도령과 대홍수」가 대표적이죠.

까닭 모를 대홍수가 일어나 모든 것이 휩쓸려 갈 때 한 도령이 커다란 나무의 도움을 받아 간신히 목숨을 구합니다. 그때 개미와 모기 같은 작은 동물들이 살려달라고 하자 도령이 손을 뻗어 그들을 구해 주지요. 곧이어 제 또래의 사내아이가 떠내려옵니다. 도령이 성큼 손을 뻗으려 하자 나무가 그러지 말라고 막습니다. 그러나 어찌 그럴 수 있습니까? 도령은 거듭되는 나무의 만류에도 사내아이를 구해 줍니다.

나무는 이렇게 말합니다.

"네가 정 그렇게 하겠다면 어쩔 수 없지만 나중에 꼭 후회할 날이 올 것이다."

과연 홍수가 끝나고서 도령은 그 사내아이의 욕심과 질투로 시련을 겪게 됩니다. 물론 개미와 모기의 도움으로 그런 시련들을 다 견뎌 내고 인류의 시조가 되기는 하지만요.

홍수신화는 놀랍게도 오늘날 거의 비가 내리지 않는 사막지대에서도 전승되고 있습니다. 과학자들에 따르면 그런 지역에도 예전에는 비가 많이 내렸을 거라 하지만요. 물론 대홍수에도 인간은 끈질기게 살아남습니다. 그리하여 다시금 자신들의 문명을 꾸려가게 되는 것이죠.

홍수신화는 세계적으로 굉장히 유사한 패턴을 보이기도 합니다. '노아의 방주'가 대표적이지요. 신이 노해서 대홍수를 내리지만 그래도 안쓰러운지 그중 착한 인간을 선택해 한 번 더 기회를 준다는 것입니다. 선택받은 인간이 누구인지는 동양과 서양이 크게 다르고, 또 민족마다 다릅니다. 노아처럼 신의 뜻을 잘 받든 의인도 있고, 그리스·로마 신화의 데우칼리온과 퓌라처럼 부부도 있습니다.

성숙하지 못한 어린 남매가 살아남는 경우도 많습니다. 이 경우, 그들이 어떻게 새로운 인류의 조상이 될 것인가가 초미의 관심사입니다. 자칫 도덕에 어긋나는 일이 벌어질까 두렵기도 하거든요. 신화를 만들고 전승한 이들 역시 이 점에 크게 신경이 쓰였는지 여러 가지 대책을 마련했습니다. 살아남은 남매의 혼인을 신의 뜻에 의한 필연적인 혼인인 양 꾸미는 게 가장 대표적인 대책이지요. 그에 따라 남매는 갖가지 시험을 통과합니다.

아래 홍수신화는 이와는 조금 다른 선택을 보여 줍니다. 살아남는 사람이 딱 한 명이죠. 그렇다면 대체 그는 어떻게 새로운 인류의 조상이 될 수 있었을까요? 여기에 이 신화의 묘미가 있습니다.

아주 오랜 옛날, 하늘 아래에 여러 세상이 있었습니다. 그중 중간 세상에는 대나무가 쩍 벌어지면서 툭 튀어나온 동물들이 깊은 숲속에서 살기 시작했습니다. 그때 피폭과 피못이 하늘에서 내려와 현재의 캄보디아 땅 어느 강변에 자리를 잡고 샨족의 조상이 되었습니다.

그런데 그들이 신들을 잘 공경하지 않자 화가 난 천둥신은 벌을 주기로 결심했습니다. 처음에 그는 사람들을 잡아먹는 커다란 학을 보냈습니다. 그러나 사람들이 너무 많아 다 잡아먹을 수 없었지요. 그다음에는 사자를 보냈습니다. 하지만 사람들은 여전히 많았지요. 그다음으로 뱀을 보냈는데 사람들은 오히려 그 뱀을 잡아먹었습니다.

천둥신이 이번에는 가뭄을 보냈습니다. 새해 첫 넉 달 동안 엄청난 가뭄이 닥쳐 굶주림 끝에 많은 사람이 죽었습니다. 그렇지만 사람들은 여전히 살아남았습니다.

분이 풀리지 않은 천둥신은 신하들을 불러 모아 인간 세상을 끝장낼 방법에 대해 의논합니다.

"물로 인간을 없앨 수 있습니다. 인간은 아가미가 없으니까요."

"그거 참 좋은 생각이오."

천둥신은 그 계획을 실시하자는 데 적극 찬성했습니다.

천둥신은 물의 신이자 악어의 신인 캉칵을 내려보내 현자 립롱에게 그 사실을 알리게 했습니다. 아무리 인간이 미워도 착한 사람들마저 다 없어지면 안 되니까요. 그런데 립롱은 이미 닭의 뼈로 점을 쳐서 큰 재앙이 닥칠 거라는 사실을 알고 있었습니다. 물의 신이 대책을 일러 주었을 때에도 크게 놀라지 않았지요.

"엄청난 홍수가 있을 것이오. 아주 튼튼한 뗏목을 만들어서 소한 마리와 함께 타시오. 하지만 이 사실을 절대 누구에게도 얘기하면 안 됩니다. 당신의 아내나 아이들한테도 말입니다."

립롱은 슬픔을 억누른 채 홍수에 대비했습니다. 가족조차 그가하는 일을 비웃었지요. 그래도 립롱은 신들이 노할까 봐 아무런설명도 하지 못했습니다. 그가 뗏목을 완성하자 기다렸다는 듯 비가 내리기 시작했고 곧 홍수가 닥쳤습니다.

세상이 온통 물에 잠겼습니다. 단지 립롱과 소 한 마리만 살아남았지요. 그는 가족의 시체가 물 위에 둥둥 떠가는 것도 보았습니다. 샨족은 그렇게 멸망했습니다. 그들의 영혼은 하늘나라로 올라가 정화될 예정이었죠. 아마 다음에 다시 즐겁고 멋진 땅을 발견해 부활할 것이고요.

물이 빠지자 시체에서 풍기는 악취가 하늘까지 퍼졌습니다. 천둥신은 뱀들을 보내 그 시체들을 먹어 치우게 했습니다. 하지만 시체가 너무 많았습니다. 화가 난 천둥신은 뱀들을 죽이려고 했는데 놀란 뱀들은 동굴 속으로 달아나 버렸습니다.

천둥신은 다시 99만 9,000마리의 호랑이를 내려보냈습니다. 그래도 시체는 너무나 많았습니다. 화가 난 천둥신은 벼락을 쏘았지요. 호랑이들도 동굴 속으로 숨어 버렸습니다. 할 수 없이 이번에는 불의 신을 내려보냈습니다. 그들은 세상을 다 태울 만큼 큰불을 일으켰습니다.

불이 다가오는 것을 본 립롱은 소를 죽인 다음 칼로 배를 가르고 그 안으로 기어들어 갔습니다. 거기서 그는 박씨 한 개를 발견합니다. 불길이 지나가고 립롱은 밖으로 빠져나와 물의 신 캉칵에게 어떻게 해야 하는지 묻습니다. 캉칵은 곧바로 일러 주었습니다.

"그 박씨를 평평한 땅에 심으시오."

립롱이 그대로 했습니다. 박씨는 곧 싹이 텄고 쑥쑥 자랐습니다. 이윽고 한 줄기가 산보다 높게 올라가 해를 가렸습니다. 다른 한 줄기는 땅으로 기어가 썩었습니다. 그 줄기는 홍수 끝에 남은 물을 빨아들이고 죽었습니다. 해를 가린 한 줄기는 숲과 나무를 만들었습니다.

그제야 천둥신은 푸른 하늘의 신을 보내 세상을 깨끗하게 부활시켰습니다. 푸른 하늘의 신 사오팡은 남아 있는 물기를 말끔히 말렸습니다. 천둥신은 벼락을 내리쳐서 박을 깨뜨렸습니다. 거기서 우르르 샨족 사람들이 쏟아져 나왔습니다. 어찌나 많은지 그 줄이 하늘에서 땅까지 이어질 정도였습니다. 다른 박에서는 온갖 종류의 짐승들, 강들, 식물들이 쏟아져 나왔습니다.

여러 개의 세상이 어떤 형태였는지는 명확하지는 않습니다. 세계 다른 지역에도 태초에 여러 개의 세상이 존재했다는 신화가 두루 분포합니다. 한 가지 분명한 것은 그것들이 어떤 방식으로든 다시 조정의 과정을 거쳐야 오늘날 우리가 사는 하나의 세상이 형성된다는 사실입니다.

샨족의 홍수신화에서는 립롱이 뗏목을 준비했다가 홀로 살아남습니다. 이와 유사하지만 대홍수 때 뗏목이 아니라 아예 처음부터 박을 타고 살아남는다는 신화도 함께 존재합니다. 또 다른 신화에서는 거대한 박 껍질을 타고 살아남은 사람들이 남녀 일곱 쌍이었는데, 그들이 인류, 특히 샨족을 재건했다고도 나옵니다.

아무튼 이 신화는 전형적인 홍수신화이지만 시체를 일일이 처리하는 과정은 다른 지역의 신화에서 쉽게 나타나지 않는 장면입니다. 아마 무더운 열대 혹은 아열대 지방이라 사체가 금세 부패되는 것을 경험으로 알고 있어서 특별히 이런 장면이 보태졌을 것입니다.

샨족은 동남아시아의 타이계 민족 집단입니다. 현재는 주로 미얀마의 샨 지역에 살지만 일부는 만달레이, 카친, 카인 지역 및 중국과 태국의 접경 지역에도 삽니다. 비록 신뢰할 만한 인구 조사는 아니지만 샨족의 수는 약 600만 명으로 추정됩니다. 미얀마의 주요 불교 민족, 즉 버마족, 몬족, 라카인족과 더불어 불교를 믿는 민족 중 하나이기도 합니다.

홍수에서 살아남은 복희 남매

- 중국 한족 -

앞서도 이야기했듯이 홍수신화에서 가장 널리 알려진 것은 노아의 방주 형식과 남매혼 형식의 신화입니다. 남매혼 신화 중에서는 중국 한족의 다음 신화가 주변 민족의 홍수신화와도 가장 활발하게 교섭이 이루어졌던 신화라고 할 수 있습니다. 여기서는 여와가 창세 여신이 아니라 복희의 여동생으로 등장합니다.

까마득한 옛날, 뇌공과 고비 두 형제가 하늘과 땅을 다스리고 있었습니다. 동생인 뇌공이 하늘을, 형인 고비가 땅을 맡았지요. 둘은 형제이면서도 성격이 아주 달랐습니다. 뇌공은 성질이 사납고 고비는 어질고 인정이 많았습니다.

어느 날 뇌공이 사람들이 제물을 잘못 바친 것에 몹시 화가 나서 그 벌로 지상에 큰 가뭄이 들게 했습니다. 모든 것이 말라 죽을 지경이었습니다. 보다 못한 고비가 하늘의 비를 훔쳐다가 사람들을 구해 주었습니다. 이에 반감을 품은 뇌공이 고비에게 싸움을 걸었는데 결과는 번번이 고비가 이겼습니다. 고비는 차마 동생을 죽이지는 못하고 조롱 속에 가두었습니다.

고비는 복희와 여와라는 남매를 자식으로 두고 있었습니다. 고비가 마침 하늘에 볼일이 있어 땅을 떠나게 됐는데 남매를 불러서 이렇게 말했습니다.

"절대로 조롱 속의 뇌공에게 물을 주어서는 안 된다. 작은아버지라고 인정을 베풀어서는 안 돼."

고비는 아이들에게 단단히 당부했습니다.

고비가 떠나자마자 뇌공이 조카들을 불러 물을 좀 달라고 애원했습니다. 남매는 아버지에게 들은 대로 거절했습니다.

"안 돼요. 아버지가 어떤 경우든 드리지 말라고 하셨어요."

그러나 뇌공은 끈질기게 부탁했습니다. 뇌공이 목이 말라 당장이라도 숨이 끊어질 것 같은 시늉을 하자 남매는 마음이 흔들리고 말았습니다. 남매는 결국 뇌공에게 물을 주었습니다. 그러자 뇌공은 금세 기운을 되찾았습니다. 그는 아주 쉽게 조롱을 부수고 탈출할 수 있었지요. 남매는 놀라서 엉엉 울음을 터뜨렸습니다.

뇌공은 조카들을 달래는 한편 보답으로 자신의 이를 하나 뽑아 주며 말했습니다.

"고맙구나, 얘들아. 이걸 가지고 있다가 큰비가 내리거든 땅에 심어라."

뇌공은 곧 사라졌습니다.

하늘에 오른 뇌공은 비의 신에게 명령해 밤낮없이 큰비를 내리게 했습니다. 하늘이 뻥 뚫린 것 같은 큰비였지요. 심상치 않다고 생각한 남매는 뇌공이 준 이빨을 땅에 심었습니다. 그것이 등나무로 자라서 커다란 박을 열매로 맺었습니다. 모든 게 눈 깜짝할 새의 일이었습니다.

남매는 박 속을 파고 안으로 들어갔습니다. 비는 그칠 줄을 몰랐습니다. 엄청난 홍수가 세상을 온통 물로 뒤덮었습니다. 높은 산까지 물에 잠기자 사람들이 전부 익사하고 말았습니다. 남매를 태운 박 하나만 물 위를 둥둥 떠다녔지요.

이윽고 홍수가 물러갔습니다. 천지간에 살아남은 사람은 남매밖에 없었습니다. 이때 천상의 태백금성이 말했습니다.

"이제 세상에는 너희 남매만 남았다. 그러니 둘이 혼인하여 대를 잇도록 하여라."

남매는 그것이 도리에 어긋난다고 하여 거부했습니다. 그러나 거듭되는 권고에 남매는 각기 다른 산꼭대기에서 연기를 피워 두 연기가 합쳐지면 결혼하겠다고 말했습니다. 뜻밖에도 두 연기는 하나로 합쳐졌고, 이에 남매는 결혼을 하늘의 뜻으로 받아들였습니다. 그로부터 인류는 다시금 번성하게 되었습니다.

중국 한족의 여러 역사책에서는 삼황오제가 세상과 민족의 기틀을 이루었다고 말하고 있습니다. 그런데 그들이 구체적으로 누구인지에 대해서는 책마다 서로 다른 주장을 하고 있습니다. 대체로 복희와 여와에 신농을 보태 삼황으로 치는 경우가 가장 보편적입니다. 신농은 인간에게 농사를 가르쳤다는 신입니다.

신농

후에는 헌원, 신농, 복희를 삼황으로 꼽기도 합니다. 주목할 점은 시간이 흐를수록 특히 여와가 처음 지녔던 창세신으로서의 권위와 능력을 잃어버리는 것도 모자라 나중에는 아예 존재 자체가 사라지는 경우입니다. 이는 중국 사회가 점차 남성이 지배하는 엄격한 유교 사회로 굳어지면서 벌어진 현상이라고 하겠지요. 이쯤에서 창세신화는 서서히 막을 내리고 이제 새로이 영웅들이 써 나가는 신화가 빛을 발하게 됩니다.

생각해 볼 점

❶ 홍수신화는 전 세계적으로 가장 널리 퍼져 있는 신화라고 할 수 있습니다. 대개 최초의 인간이 저지른 잘못에 대해 신이 내린 징벌의 성격을 띠고 있습니다. 그렇지만 꼭 징벌형 홍수신화만 있는 것은 아닙니다. 세계 도처의 다양한 홍수신화들을 서로 비교해 봅시다.

> **힌트** 홍수의 원인과 과정, 결과에 따라 조금씩 다를 수밖에 없습니다. 재미있는 것은 누군가가 어떤 종류의 탈것의 도움을 받아 살아남는다는 것이고, 그들이 결국 인류의 새로운 조상이 된다는 사실입니다.

❷ 홍수신화에서 특히 오누이만 살아남는 경우가 많습니다. 이 경우 도덕적 금기를 위반하지 않으면 인류가 다시 이어질 수 없습니다. 이 때문에 오누이가 몇 가지 시험을 통과하는 절차를 거치게 하는 신화가 아주 많습니다. 그런 홍수신화의 사례를 다시 살펴봅시다.

> **힌트** 특히 동양의 경우에 이런 절차를 중요하게 여깁니다. 아마 신화를 전승하는 동양 사회의 유교 전통이나 윤리 의식이 반영되었을 가능성도 있지 않을까요?

6장

영웅을 만든 민족,
영웅이 만든 나라

영웅이 거두는 최후의 승리 중에서 가장 중요한 것은
바로 '건국', 즉 나라를 건설하는 일입니다.
이것은 달리 말해 영웅이 신화와 역사의 경계에
서 있다는 사실이기도 합니다.

신화와 역사의 경계를
누빈 영웅들

앞서 살펴본 바 홍수신화는 창세신화의 거의 마지막 부분에서 하나의 높은 언덕 같은 구실을 합니다. 그것은 최초의 인간들이 저지른 잘못을 벌로써 바로잡고 창세신의 위엄을 회복하려는 노력이기 때문입니다. 사실 이후로 창세신의 역할은 급속히 축소되고 맙니다. 대신 이제 인간 중에서 비범한 능력을 지닌 영웅들이 나타나 자신들의 힘으로 새로운 세상을 꾸리려고 시도합니다. 바야흐로 영웅들의 시대가 다가온 것입니다.

그들은 인간임에도 신과 버금가는 면모를 보여 줍니다. 무엇보다 출생부터 남과 전혀 다르게 특출합니다. 출생에 얽힌 비밀이 남다른 경우도 있고, 출생의 과정이 상식을 뛰어넘는 경우도 있습니다.

신비롭고 또 기이한 출생, 이것이 영웅의 첫 번째 특징입니다. 영웅은 대개 하늘에서 내려오는 경우가 많은데 이는 당연히 하늘이 주는 신비로운 후광을 확보하기 위한 전략이기도 합니다. 나아가 보통 사람과 달리 알에서 태어나거나, 어머니 옆구리에서 태어나거나, 심지어 배 속에서 나올 때부터 갑옷을 입고 있는 영웅도 드물지 않습니다.

몽골을 대표하는 서사시 「게세르」의 주인공 게세르의 어린 시절 이름은 조로입니다. 조로는 어찌나 험상궂은 외모를 하고 태어났는지 낳자마자 어머니가 죽일 생각까지 했습니다. 악마가 아닌가 싶어서였죠. 물론 조로는 지상에 창궐하는 악을 뿌리 뽑기 위해 일부러 그런 모습으로 태어난 것이었죠. 그는 하늘 신의 아바타였습니다. 동북아시아 허저족의 시조 하뛰는 자작나무 안에서 태어나는데 새들이 가져다주는 음식을 먹고 자랐다 합니다.

아프리카 은양가 부족의 영웅서사시 「므윈도」에서는 주인공 므윈도가 어머니 배 속에 있을 때부터 스스로 남자로 태어날지 여자로 태어날지 결정합니다. 물론 남자를 선택하지요. 심지어 아무리 남자로 태어나도 평범하게 태어난다면 여자와 다를 바 없다고 여겨 손가락에서 태어납니다. 그것도 당장 싸움터로 달려 나가기라도 할 것처럼 완전무장을 한 채로 말입니다.

중앙아메리카의 마야 신화에서는 해골이 침을 뱉어 여자를 임신시키는데 장차 해와 달이 될 쌍둥이 영웅이 태어나기도 합니다.

유럽 켈트족의 영웅 쿠훌린은 어머니가 하루살이가 빠진 포도주를 마신 탓에 낳은 자식입니다. 물론 그건 태양의 신 루가 변한 하루살이였던 것이지만요.

우리 민족도 나라를 세운 영웅이면 이러한 법칙을 따르고 있지요. 혁거세, 수로왕, 주몽, 김알지 등 하늘이 직접 내려보내거나 하늘과 연관이 깊은 영웅이 대부분이지만 거꾸로 땅에서 솟아난 영웅도 있습니다. 제주도의 삼성혈 신화는 아직 사람이 없을 때 땅에서 솟아난 양을나, 고을나, 부을나 세 사람이 제주도를 대표하는 세 성씨의 시조가 된다는 점에서 특이한 면모를 지닌다고 할 수 있습니다.

이후에도 영웅신화는 대개 다음과 같은 패턴을 공유합니다. 우선 영웅은 성장하면서 특별한 임무나 소명을 받습니다. 이는 대개 하늘의 계시로 주어지거나 위기에 처한 민족이나 국가(왕)의 부름에 기꺼이 응하는 형태로 나타납니다.

가령 「바리공주」에서는 부모가 병들어 죽게 되었을 때, 서천에 가서 신비한 영약을 가져오는 게 소명입니다. 하지만 그동안 부모의 극진한 사랑을 받으며 궁궐에서 편히 자란 여섯 명의 딸은 하나같이 손사래를 칩니다. 가지 못하겠다는 것이죠. 그러자 막내인 바리공주가 나섭니다. 그녀는 또 딸로 태어나서 왕에게 버림받은 자식이었음에도 말입니다.

소명을 전해 주는 사람이나 동물이 따로 나타나는 경우도 있습니다. 영화 〈반지의 제왕〉에서는 마법사 간달프가 나타나서 호빗 프로도에게 소명을 말해 주지요. 절대반지를 모르도르로 가져가 불 속에 던져 사우론의 힘을 끝내야 한다는 소명입니다.

이어 영웅은 그 소명을 실현하기 위하여 본격적인 모험에 나서는데 처음부터 만만치 않은 난관이 그를 기다리기 마련이지요. 그때 곁에서 조력자가 나타나 돕는 경우도 적지 않습니다. 〈반지의 제왕〉의 '반지 원정대'를 비롯한 숱한 조력자를 생각해 보면 쉽게 이해될 것입니다.

어쨌든 영웅은 자기에게 닥쳐오는 시련을 결코 피하지 않으며 힘겨운 싸움 끝에 마침내 승리를 쟁취합니다. 이런 점에서 영웅신화는 거의 전부 행복한 결말을 보여 주지요. 물론 예외도 아주 없지는 않지만요.

영웅이 거두는 최후의 승리 중에서 가장 중요한 것은 바로 '건국', 즉 나라를 건설하는 일입니다. 거꾸로 말하자면 그것이 처음부터 영웅에게 주어진 소명이었다고도 할 수 있겠지요. 어쨌건 건국이 소명이라면 이것은 달리 말해 영웅이 신화와 역사의 어떤 경계 지점에 서 있다는 사실이기도 합니다.

지구상의 수많은 나라가 자신들의 초기 역사를 기술할 때 이러한 건국 영웅들의 활약을 빠트리는 경우는 거의 없습니다. 그때 실제 여부는 그리 중요하지 않습니다. 건국의 정당성을 어떤 방식으로든 확보하는 것이 훨씬 큰 의미를 지니기 때문입니다.

그러나 모든 영웅이 꼭 건국이라는 대업에 뛰어들거나 부족의 시조가 되는 운명을 보여 주지는 않습니다. 앞서 말했듯이 부모의 병을 고치기 위해 저승을 방문하는 바리공주처럼 다른 목적을 위해 등장하는 영웅도 얼마든지 존재하거든요.

　우리나라의 경우, 특히 제주도의 무속 신화에 이러한 영웅들이 많이 등장합니다. 그들은 나라를 세우거나 부족의 시조가 되기보다는 우리 인간에게 꼭 필요한 일을 감당하는 임무를 스스로 떠안 습니다. 「세경본풀이」의 주인공 자청비는 농사의 신이 되고 「차사본풀이」의 강림도령은 저승사자가 되지요. 자, 이제 영웅신화의 흥미진진한 세계로 함께 들어갈 차례입니다.

푸른 늑대의 후손
알란 고아
- 몽골 -

몽골족은 동북아시아 초원 지대를 대표하는 유목민입니다. 그들은 중세에 이르러 세계를 호령하는 대제국을 건설했습니다. 그들은 스스로를 잿빛 푸른 늑대의 후손이라고 생각했습니다. 먼 옛날 하늘의 뜻에 따라 잿빛 푸른 늑대가 흰 암사슴과 결혼해 낳은 자식들의 후손이라는 것이죠.

몽골 신화는 거친 초원을 배경으로 살아가야 하는 그들의 운명을 반영하고 있습니다. 따라서 그들의 신화를 듣다 보면 초원을 가로지르며 전해지는 온갖 야생의 소리를 생생히 느낄 수 있습니다.

초원을 주름잡던 민족이 있었습니다. 그들은 자신들의 왕을 '선우'라고 불렀습니다. 언제부턴가 그 나라 백성들 사이에 이상

한 소문이 돌았습니다. 선우가 두 명의 딸을 낳았는데 둘 다 어찌나 예쁜지 보는 이들의 눈이 멀 정도라는 것이었습니다. 장님이 된 사람들이 수두룩해서 아예 두 딸을 더 이상 본 사람이 없다는 소문까지 돌았습니다.

소문은 선우의 귀에도 들어갔지요. 선우는 한숨을 크게 내쉬었습니다. 사실 선우의 눈에도 제 두 딸이 도무지 지상의 사람 같지가 않았습니다. 그 아름다운 두 딸이 자라자 근심이 더 커졌습니다. 두 딸에 대한 혼인 이야기가 조금씩 나오기 시작했습니다. 그러나 이미 나라 안에는 두 딸을 보면 장님이 된다는 소문이 번지고 번져서 아무리 아니라고 해도 믿는 사람이 없을 정도였습니다.

어느덧 선우도 두 딸을 사람에게 짝지어 주는 건 오히려 하늘의 뜻을 거스르는 게 아닌가 싶기도 했습니다.

'이 아이들을 하늘에 맡기는 수밖에 없겠다.'

마침내 선우는 이렇게 결심했습니다. 그는 나라의 북쪽, 사람이 살지 않는 사막에 높은 건물을 쌓게 했습니다. 그리고 두 딸을 데리고 가 그 위에 둔 다음 말했습니다.

"하늘이시여, 청하거니와 부디 제 두 딸을 맞이해 주십시오."

선우와 그의 아내는 두 딸을 그 외진 곳에 남겨 둔 채 발길을 돌렸습니다. 아내는 차마 발길이 떨어지지 않아 펑펑 눈물을 쏟았습니다.

3년이 흘러 두 사람이 다시 그곳을 찾았는데 두 딸은 여전히 그곳에 머물러 있었습니다.

아내가 말했습니다.

"이제 그만 포기하십시다. 아이들을 집으로 데려가 사람을 짝으로 지어 줍시다."

이에 선우가 말했습니다.

"그럴 수는 없소. 이 아이들은 아직 하늘과 통할 시간이 부족했을 따름이오."

부부는 두 딸을 그곳에 둔 채 다시 발길을 돌렸습니다.

다시 1년이 지났습니다. 한 마리 늙은 늑대가 낮과 밤을 가리지 않고 높은 건물 주변을 돌아다니며 으르렁거렸습니다. 마치 그 건물을 지키는 것 같은 자세를 취하기도 했습니다. 늑대는 건물 아래에 굴을 파고는 그 자리를 꿋꿋이 지켰습니다.

동생이 말했습니다.

"아버지가 우리를 이곳에 두어 하늘과 맺어지기를 바랐는데 늑대가 왔습니다. 제 생각에 이 늑대는 단순한 짐승이 아닙니다. 아마 신령스러운 존재이거나 아니면 하늘이 우리를 위해 보냈을지 모릅니다."

동생은 이렇게 말하며 건물 아래로 내려가려고 했습니다. 언니는 크게 놀라며 꾸짖었습니다.

"이것은 어딜 보나 한 마리 짐승에 불과한데 대체 어떻게 결혼을 한다는 말이냐? 이는 부모님은 물론 나라를 욕보이는 일이다."

언니가 아무리 말려도 동생은 듣지 않았습니다. 마침내 동생은 혼자 아래로 내려가 늑대의 아내가 되었습니다.

이후 그 자손이 점점 늘어나 훌륭한 나라를 이루었습니다. 그 나라 사람들은 소리를 길게 빼는 긴 곡조의 노래를 좋아했는데 마치 늑대가 으르렁거리는 소리와 비슷했습니다.

이 신화는 초원에 널리 퍼져 나갔습니다. 늑대는 초원에서 가장 용맹하고 힘센 짐승이었기에 사람들은 늑대를 두려워하면서도 존경했습니다. 그래서 이런 신화가 나타났던 것입니다. 이제 이 늑대 시조신화가 입에서 입으로 전승되는 가운데 다시 새로운 신화가 탄생합니다.

이어지는 이야기는 몽골을 이끈 칭기즈칸의 선조가 누구이고 어떻게 나라를 세웠는지 보여 주는 건국신화입니다.

푸른 늑대 부족은 노래를 아주 잘 불렀습니다. 그들이 노래를 부르면 흰 사슴 부족의 여인들은 가슴이 설렜습니다. 푸른 늑대 부족에서도 가장 노래를 잘 부르는 청년이 있었습니다. 흰 사슴 부족의 족장에게는 아름다운 딸이 있었는데, 밤마다 그 노랫소리에 홀려 마을을 몰래 빠져나갔습니다. 아무도 눈치채지 못했습니다. 그러다 둘은 소리도 없이 사라졌습니다.

두 부족 사람들은 깜짝 놀라 온 초원을 샅샅이 뒤졌습니다. 하지만 어디에도 그들의 흔적은 없었습니다. 거대한 호수를 건너온 바람만이 그들의 행적을 알 뿐이었습니다. 두 사람은 아이들을 낳았고 그 아이들이 또 아이들을 낳았습니다. 몇 대의 세월이 쏜살같이 흘렀습니다.

한 부자에게 두 아들이 있었습니다. 형은 외눈박이 도와 소코르였고, 동생은 천하장사 도본 메르겐이었습니다. 도와는 이마 한가운데 커다란 눈이 달려 있어 걸어서 사흘 걸리는 거리를 내다볼 수 있었습니다. 도본은 힘이 아주 세고 천하의 명궁이었습니다. 둘은 우애가 깊었습니다. 그런데 형은 이미 결혼해 아이를 넷이나 가졌지만, 동생은 혼기가 찼는데도 약혼자가 없었습니다.

하루는 형 도와가 보르칸산 정상에 올라 아래를 내려다보다가 멀리 검은 수레를 타고 오는 여인을 보았습니다. 형은 동생에게 말했습니다.

"저 아래 수레를 타고 오는 여인이 아주 아름답다. 도본, 저 여인이 만일 결혼을 하지 않았다면 너와 잘 어울리는 한 쌍이 될 것이다."

그 여인은 무지개 부족 명궁의 딸 알란 고아였습니다. 그녀의 아름다움은 초원 널리 알려져 있었습니다. 다만 명궁의 딸이라 아무도 넘보지 못했던 것이죠. 도와와 도본 형제는 알란 고아를 따라가 청혼했습니다. 소문에는 형제가 알란 고아를 보르칸산으로 억지로 데리고 들어갔다고 알려졌습니다. 뒤늦게 소문을 들은 알린 고아의 아버지가 보르칸산을 뒤졌지만 어디서도 딸을 찾지 못했다고도 합니다.

도본 메르겐과 알란 고아 사이에서 자식이 생겼습니다. 그러나 그들을 도와주던 형 도와가 죽고, 이어 얼마 후에는 동생 도본도 죽었습니다.

이제 알란 고아는 혼자 힘으로 가족을 먹여 살려야 했습니다. 그런데 언제부턴가 그녀의 배가 불러오더니 잿빛 눈을 가진 아이가 셋이나 태어났습니다.

주변 사람들이 수근거렸습니다. 먼저 태어난 도본 메르겐의 두 자식 벨구누테와 부구누테도 어머니의 출산을 의심했습니다.

"우리 어머니는 형제도 친척도 없고 남편도 없이 세 아들을 낳았다. 이것은 너무나 수상한 일이야."

알란 고아도 사람들의 수근거림을 알고 있었습니다. 그러나 아무 대꾸도 하지 않았습니다. 하루하루 먹고사는 일만 해도 너무 힘이 들었거든요. 날이 가고 해가 갔습니다. 세 아들은 쑥쑥 커서 제 앞가림을 충분히 할 나이가 되었습니다. 그러나 소문은 그때까지도 가시지 않았습니다.

어느 날 알란 고아는 자식들을 모아 두고 화살을 하나씩 주며 말했습니다.

"화살을 하나씩 주었다. 자, 다들 꺾어 보아라."

다섯 아들 모두 쉽게 꺾었습니다. 알란 고아는 이어 다섯 개의

몽골인이 쓰는 전통 천막집 게르

화살을 한꺼번에 묶어서 꺾어 보라고 했습니다. 번갈아 시도했지
만 아무도 꺾을 수 없었지요. 그러자 알란 고아가 세 아들의 출생
에 얽힌 비밀을 일러 주었습니다.

"잘들 들어라. 너희가 의심하는 것도 당연하다. 하지만 너희는
모두 내 아들들이다. 세 아들을 낳을 무렵이었다. 언제부턴가 잠
자리에 누우면 밤마다 밝은 노란빛이 게르의 천장이나 문 틈새로
들어와 내 배를 문질렀다. 그렇게 해서 배가 불러 낳은 게 세 아들
이었다."

알란 고아는 훗날 자기 자식 중에 위대한 왕이 나온다면 모두
가 믿게 될 것이라 말했습니다. 이어 형제들을 타일렀습니다.

"너희 다섯은 다 같이 내 배에서 나온 형제들이다. 그러니 사이
좋게 지내야 한다. 화살을 하나씩 분지르라면 누구든 분지른다.

하지만 다섯 개를 한 번에 분지를 수 있었느냐?"

"아닙니다."

다섯 형제가 일제히 대답했습니다.

"혼자서 하자면 이와 같다. 하지만 형제가 서로 힘을 합하면 이루지 못할 일이 없으리라."

형제들은 어머니의 설명에 고개를 끄덕였습니다. 하지만 알란 고아가 죽자 형제들은 얼마 되지 않는 유산을 놓고 다투었습니다.

막내 보톤자르 몽칵은 형들과는 달리 몸도 약하고 마음도 여렸습니다. 그는 어머니를 잃은 슬픔에 울고 또 울기만 했습니다. 형들은 그런 막내를 따돌렸습니다. 그것도 모자라 그를 비실비실한 말에 태워 내쫓았습니다.

몽칵은 눈앞이 캄캄했습니다. 넓은 초원에서 어디로 가야 할지 몰라 그저 강을 따라갔습니다. 그러다 어느 강가에 자리를 잡고 움막을 지어 살았습니다. 몽칵은 말의 꼬리털을 뽑아서 어설프게 올가미를 만들고는 새라도 잡힐까 한없이 기다렸습니다. 그런 올가미에 걸릴 새는 세상에 없을 정도로 엉성했습니다.

그런데 매 한 마리가 덜컥 올가미에 걸렸습니다. 몽칵은 그 매를 잡아먹지 않고 잘 길렀습니다. 매는 차차 사냥을 해서 몽칵에게 고기를 주었습니다. 몽칵은 매일같이 새 고기를 먹을 수 있었습니다. 초원 사람들은 영리하지도 않고 몸도 약한 몽칵이 아무런 일도 하지 않으면서도 풍족하게 사는 것을 이해할 수 없었습니다.

그의 형 중 하나가 걱정이 되어 몽칵을 찾아 나섰습니다. 혹시 죽었으면 뼈라도 찾아서 묻어 줄 작정이었지요. 강을 따라가던 형은 사람들에게 몽칵의 소식을 들었습니다. 의외로 사람들은 몽칵이 혼자서도 아주 씩씩하게 잘 산다고 말했습니다.

　형은 얼른 그를 찾아갔습니다. 깃털이 하얗게 날리는 데가 몽칵이 사는 곳이었습니다. 새를 어찌나 많이 사냥하는지 그 주변에 깃털이 많이 흩날렸습니다. 과연 몽칵은 옛날의 울보가 아니었습니다. 그는 이미 많은 사람을 도와주어 이름이 알려진 용사였습니다.

　얼마 후 몽칵은 결혼했습니다. 몽칵의 자손들은 후에 큰 나라를 이루게 됩니다. 그리고 그의 후손 가운데 테무진, 즉 장차 세계를 호령할 위대한 영웅 칭기즈칸이 나옵니다. 몽골인들은 몽칵의 어머니 알란 고아를 언제나 잊지 않았습니다.

　몽골의 대표적인 역사책『몽골비사』에는 남편도 없는 알란 고아가 또 자식들을 낳았다고 사람들이 소곤대자 "밤마다 밝은 노란색 사람이 게르의 천창이나 문 위 틈새로 빛이 되어 들어와 내 배를 문지르고, 그 빛이 내 배로 스며들었다. 달이 지고 해가 뜰 새벽 무렵에 나갈 때는 노란 개처럼 기어나갔다"라고 아들들에게 말해 주는 장면이 나옵니다. 그러면서 그것이 장차 임금이 될 위대한 후손이 태어날 상징이라고 덧붙이지요.

　역사가 라시드 웃딘의『집사』에도 이 장면은 여러 차례 인용됩

니다. 그만큼 유명한 탄생 신화이자 건국신화이죠. 알란 고아가
말한 '모든 자의 임금'이 될 후손은 바로 초원의 지배자 칭기즈칸
입니다.

하늘에서 추방당한 스사노오, 괴물을 퇴치하다

- 일본 -

일본 창세신화의 두 주인공 이자나기와 이자나미는 수많은 섬과 국토를 낳습니다. 그러던 중 여신 이자나미가 아이를 낳다가 죽어 황천에 갑니다. 아내가 보고 싶은 이자나기는 황천으로 내려갔다가 안을 들여다보지 말라는 금기를 어겨 쫓겨나지요. 죽어서 구더기가 들끓는 흉한 모습을 들킨 아내 이자나미는 화가 나서 이자나기를 죽이려고 쫓아갑니다.

가까스로 목숨을 구한 이자나기는 더러운 나라에 갔다 왔다면서 몸을 씻지요. 그때 그의 눈에서 수많은 신이 태어납니다. 그중에는 장차 일본의 신화 세계를 지배할 가장 유명한 세 신도 포함되어 있었죠. 해의 신 아마테라스, 달의 신 쓰쿠요미, 바다의 신 스사노오입니다.

한데 스사노오는 늘 말썽을 부렸습니다. 나중에는 하늘에 올라가 누이인 아마테라스 여신마저 괴롭히고 별별 심술을 다 부렸습니다. 아마테라스가 경작하는 논의 두렁을 함부로 짓밟는가 하면 신전에 똥까지 누어요. 그러다가 애꿎은 선녀도 죽이게 되지요. 화가 난 이자나기는 스사노오를 지상으로 쫓아내 버립니다. 이번 신화는 하늘에서 추방당한 스사노오의 이야기입니다.

스사노오가 이즈모 지방에 이르러 강을 따라 걷는데 한참을 가도 아무도 만나지 못했습니다. 그러다가 얼마 후 강 위쪽에서 젓가락이 떠내려오는 것을 보았습니다. 그제야 비로소 사람이 살고 있다고 생각했지요. 반가운 마음에 그는 상류 쪽으로 계속 거슬러 올라갔습니다. 이윽고 오두막 한 채가 나왔습니다. 가까이 다

스사노오

가가 보니 집 안에 노부부가 한 소녀를 가운데 두고 울고 있었습니다.

"너희는 누구냐? 어째서 울고 있느냐?"

스사노오가 위엄 있게 묻자 남자 노인이 대답했습니다.

"저희 부부는 오야마쓰미의 자손입니다. 딸아이 이름은 구시나다입니다. 저희에게는 원래 딸이 여덟 명이나 있었는데, 먼 북쪽 땅에 사는 이무기 야마타노오로치가 해마다 찾아와서는 딸을 한 명씩 잡아먹었습니다. 올해도 다시 야마타노오로치가 찾아와 마지막으로 남은 딸마저 잡아먹을 거라 생각하니 너무 슬퍼서 울고 있었습니다."

스사노오가 거듭 물었습니다.

"그 야마타노오로치는 어떤 놈이냐?"

"무서운 괴물입니다. 눈은 새빨간 꽈리와 같고, 하나의 몸뚱이에 머리가 여덟 개, 꼬리도 여덟 개나 달렸습죠. 게다가 그 몸통은 산과 같아서 삼나무와 노송나무까지 자라고 있답니다. 몸길이가 어찌나 큰지 여덟 개의 골짜기, 여덟 개의 산을 넘을 정도입니다. 그리고 놈의 배 속은 언제나 피로 빨갛게 짓물러 있습니다."

스사노오는 흥분해서 몸을 부르르 떨며 말했습니다.

"좋다, 내가 그 못된 구렁이를 없애 주겠다. 대신 자네 딸을 나에게 주게나."

"황송하옵니다만 당신의 이름이 어떻게 되십니까?"

"나는 다카마가하라에 사는 아마테라스의 남동생 스사노오다. 지금 막 하늘에서 이 지상으로 내려온 참이다."

노부부는 깜짝 놀라서 고개를 조아리며 대답했습니다.

"저희 딸을 기꺼이 드리고말고요."

스사노오는 곧바로 노부부의 딸 구시나다를 빗으로 바꿔서 자기 머리에 꽂았습니다. 그렇게 하면 야마타노오로치에게 잡아먹힐 일이 없기 때문이었죠. 그런 다음 노부부에게 일렀습니다.

"먼저, 한 모금만 마셔도 바로 취할 정도로 아주 독한 술을 만들어라. 그러고 나서 집 주위에 튼튼한 울타리를 치고 여덟 개의 문을 만들라. 다시 문 안쪽에는 받침대를 만들고 거기에 술통을 한 개씩 올려놓아라. 그 여덟 개의 술통에 독주를 가득 채우고 멀찌감치 몸을 피하라."

노부부는 스사노오가 시키는 대로 한 다음 야마타노오로치를 기다렸습니다.

이윽고 엄청난 이무기가 새빨간 눈을 번득이며 나타났습니다. 이무기는 술 냄새를 맡더니 여덟 개의 머리를 여덟 개의 문으로 집어넣고 얼른 술통을 찾았습니다. 그러더니 곧바로 술을 마시기 시작했습니다. 잠시 후 이무기는 술에 취해서 여덟 개의 머리를 바닥에 널브러뜨린 채 코를 골며 잠들어 버렸습니다.

이때 스사노오가 나타났습니다. 그는 허리에 찬 칼을 뽑아 들고 여덟 개의 머리를 하나씩 잘랐습니다. 머리가 하나씩 잘릴 때마다 엄청난 피가 솟구쳤습니다. 몸통을 가르고 여덟 개의 꼬리를 자르던 중에 스사노오의 칼이 뚝 부러졌습니다. 이상하게 생각한 스사노오가 꼬리를 마저 갈라 보았더니 그 안에 아주 예리한 칼이 들어 있었습니다. 스사노오는 나중에 그 칼을 하늘에 있는 아마테라스에게 선물로 바쳤습니다. 이것이 바로 먼 훗날 야마토 정권에 대대로 보물로 전해오는 '구사나기의 검'입니다.

괴물 야마타노오로치를 퇴치한 스사노오는 구시나다와 결혼하여 행복하게 살았습니다.

천하를 다툰
탁록지전
- 중국 한족 -

역사소설 『삼국지』에는 온갖 크고 작은 전쟁이 다 나옵니다. 적벽대전이나 제갈량의 남만 정벌은 천하가 들썩거릴 정도였죠. 유비, 관우, 장비 삼형제는 물론이거니와 조조, 손권 등 헤아릴 수 없이 많은 장수와 재사가 자웅을 겨룰 때면 절로 손에 땀이 나지요.

하지만 저 까마득한 상고시대에 대륙을 울린 탁록지전처럼 무시무시한 전쟁은 달리 없었을 것입니다. 중국 한족의 시조 격인 황제 헌원은 이 대전을 승리로 이끌며 대륙을 통일할 수 있었습니다. 물론 역사 이전의 일입니다.

황제 헌원이 천하를 다스리던 시절이었습니다. 그는 덕으로 안을 다스렸고 힘으로 밖을 지켰습니다. 곤륜산 궁전에 앉아서 사

치우

방을 두루 내다볼 수 있었는데, 밤이나 낮이나 백성을 생각했고 오곡백과가 잘 자라도록 날씨를 조절했습니다. 덕분에 모든 백성이 행복하게 지낼 수 있었습니다. 다만 가끔 남쪽 지방에서 소란이 일었습니다. 이는 치우 때문이었습니다.

치우는 남방의 거인 부족을 다스리는 우두머리로 생긴 것부터가 괴상하기 이를 데 없었습니다. 머리는 구리로 덮여 있었고 이마는 단단한 쇠로 되어 있었습니다. 눈이 네 개, 손과 발은 각기 여덟 개씩이었습니다. 특히 머리에는 두 개의 날카로운 뿔이 솟아 있어 보기만 해도 소름이 끼칠 정도였습니다. 그에게는 모두 81명이나 되는 형제가 있었는데, 생긴 것은 물론이고 성질이 사납고 잔인하기가 모두 치우에 못지않았습니다.

원래 남쪽은 염제 신농이 다스리고 있었습니다. 그의 힘이 약해진 틈을 타 치우는 염제를 공격했고 그를 몰아냈습니다. 기세가 오른 치우는 이제 중앙에 있는 황제까지 몰아내고 천하를 제 손아귀에 넣으려고 계략을 세웁니다. 소식을 들은 황제는 우선 치우를 말로써 가르치고자 했습니다. 하지만 불같은 성질의 치우가 한갓 말에 무릎을 꿇을 이유는 없었겠지요.

치우의 군대는 거침없이 중앙을 향해 진격했습니다. 이에 황제도 사방의 제후를 불러 모으고 군대를 소집했습니다. 그는 전쟁을 선포하며 큰 소리로 외쳤습니다.

"치우가 전쟁을 선포했다. 나는 그를 말로 교화시키려 했으나 성질이 포악한 그는 내 말을 듣지 않았다. 그리하여 감히 국경을 넘어섰으니 우리도 더 이상 지켜볼 수만은 없다. 우리는 치우에 맞서 싸울 것이다. 이 전쟁은 선과 악이 맞붙는 최후의 결전이 될 것이다."

농사를 짓던 백성들은 충성심과 정의감으로 창과 칼을 들었습니다. 황제의 군대에는 농민뿐만 아니라 귀신이며 온갖 새와 짐승이 함께했습니다. 모두 황제의 덕에 감복하여 스스로 앞장서 나섰던 것이지요.

하지만 치우의 군대는 전쟁을 위해 엄격한 훈련을 받은 일당백의 용사들이었습니다. 두 군대가 맞붙자 금세 우열이 가려졌습니다. 치우의 군대는 산이라도 무너뜨릴 기세로 돌진했습니다. 게다가 치우는 신통력을 발휘하여 짙은 안개를 내뿜으며 자신들의 위치를 숨긴 채 공격했습니다.

사방에서 황제 부하들의 비명이 끊이지 않았습니다. 병사들이 죽어 나가고 맹수들이 고통에 날뛰었습니다. 어디서 누가 달려드는지 알 수도 없었습니다. 말 그대로 죽음의 안개가 황제의 진영을 초토화시키는 참이었지요. 황제로서도 마땅히 손쓸 만한 계책이 없었습니다.

그러던 중 갑자기 함성이 일었습니다.

"힘을 내라! 오직 나만을 따르라!"

귀에 익숙한 목소리가 들렸습니다. 늙었지만 현명한 신하 풍후의 목소리였습니다. 황제가 소리 나는 곳을 살폈지만 대체 무슨 일이 벌어지는지 알 수는 없었습니다. 하지만 병사들이 사기를 되찾고 역전의 발판을 마련했다는 점은 쉽게 짐작할 수 있었습니다.

나중에 알고 보니 풍후는 자신이 발명한 지남차를 써서 안개 속에서도 방향을 잃지 않았던 것입니다. 오늘날의 나침반과 비슷한 지남차에는 바늘이 달렸는데, 한끝은 언제나 북쪽을 가리키고 다른 한끝은 남쪽을 가리켰습니다. 따라서 그것으로 얼마든지 방향을 잡을 수 있었던 것입니다. 기세가 오른 황제의 병사들은 치우가 보낸 온갖 도깨비를 용의 울음소리로 내쫓았습니다.

황제는 이제 자신의 군대를 탁록에 모아 최후의 일전에 대비했습니다. 그는 응룡을 선봉에 내세웠습니다. 응룡은 비를 마음대로 부릴 줄 아는 신통한 능력을 지닌 용이었습니다. 그가 비를 뿌리며 돌진하자 치우의 요괴 병사들이 코가 빠지도록 달아났습니다. 그러나 곧 풍백과 우사가 나타나 응용을 양쪽에서 공격했습니다. 그들 역시 바람과 비를 무기로 삼았지요. 응룡도 곧 지쳐 힘을 잃었습니다.

황제는 이번에 자신의 친딸 발을 내보냈습니다. 발은 얼굴이 사납게 생긴 공주로 온몸이 불덩어리처럼 뜨거웠습니다. 그녀가 나서자 전장은 일시에 용광로처럼 달아올랐습니다. 치우의 병사들은 화상을 입고 푹푹 쓰러졌습니다. 목구멍이 타서 숨을 쉬지 못하는 병사들은 칼을 던지고 달아났습니다.

그래도 치우는 항복하지 않았습니다. 그는 부하들을 데리고 험준한 산속으로 숨어들었습니다. 이에 황제는 묘책을 짜냈습니다. 동쪽 먼 땅에는 기라는 이름의 야수가 살고 있었습니다. 기는 모습이 소를 닮았으나 뿔이 없고 발이 하나였습니다. 신기하게도 땅과 물을 자유자재로 오갈 수 있었습니다.

황제는 그런 기의 가죽으로 북을 만들었습니다. 그 북을 치자 치우의 군대는 혼비백산하여 어쩔 줄을 몰랐습니다. 500리 밖에서도 귀청이 떨어질 정도였습니다. 황제의 군대는 창칼을 들고 나설 필요도 없었지요. 그저 북만 둥둥 치면 되었으니까요. 반나절이 채 지나지 않아 북의 위력이 눈으로 입증되었습니다. 산골짜기마다 적들의 시체가 쌓였습니다. 흘러내린 피가 강물을 이루었습니다.

치우는 그래도 버텼습니다. 이번에는 거인인 과보족에게 도움을 청했습니다. 그들은 원래 선량했지만 우둔한 탓에 선과 악을 제대로 가릴 줄 모르는 게 흠이었습니다. 과보족은 자기들 딴에 약자를 돕는 게 옳다고 생각하여 치우의 편에 섰습니다. 그들이 얼마나 미련한지 이런 일화도 있을 정도였습니다.

한 과보가 자신의 발이 세상에서 제일 빠르다고 자부했습니다.

그런데 가만히 보니 해가 늘 제 앞에 있는 것이었습니다. 그는 해를 용서할 수 없었습니다.

"내가 잡고야 말리라."

과보는 해를 향해 달리기 시작했습니다. 하지만 아무리 달려도 해는 늘 한 발짝 앞에 있었습니다. 그래도 과보는 숨을 헐떡이며 달려갔습니다. 해는 서산 뒤로 살짝 몸을 숨겼습니다. 그때 과보는 눈앞이 어질어질해서 더 이상 서 있을 힘도 없었지요.

그는 목이 타서 황허의 물을 다 마셔 버렸습니다. 그래도 갈증이 가시지 않아 북쪽에 있는 호수 바이칼호까지 다 비웠습니다. 그래도 여전히 목이 말랐습니다. 마침내 그는 벼락에 맞은 고목처럼 쓰러지고 말았습니다. 그가 죽은 자리에서는 복숭아나무가 몇백 리에 걸쳐 자랐습니다.

이렇듯 우둔한 과보족은 황제의 상대가 되지 못했고 드디어 싸움이 끝났습니다. 치우의 형제들은 모두 죽었고 오직 치우만이 사로잡혔습니다. 치우는 그래도 항복을 거부했습니다. 황제는 그를 탁록의 들판에서 죽게 했습니다. 마지막까지 어찌나 흉포한지 목에는 형틀을 씌우고 발에는 족쇄를 물린 채로 베어야 했지요.

이로써 천하는 다시 밝은 빛을 되찾았습니다.

현재 중국은 56개의 민족으로 구성된 다민족 국가입니다. 그러나 한족의 비중이 압도적인 게 현실이죠. 인구로 볼 때 무려 90퍼센트 이상이니까요. 그럼에도 소수민족들을 끌어들이는 포용 정책을 강력하게 펼치고 있습니다. 종종 많은 소수민족과 불편했던 관계, 역사적 사실을 어떻게 처리해야 할지 골치 아픈 일들이 불가피하게 벌어지곤 합니다.

사실 한족은 자신들이 천하의 배꼽이라 할 중원을 지배한다면서 주변은 다들 오랑캐라고 불렀지요. 동이, 서융, 남만, 북적이라는 말이 예부터 주변의 민족들을 깔보며 불렀던 말들입니다. 우리 민족은 그중 동이에 해당했습니다.

염제와 치우는 중국 남부와 남서부 지방을 근거지로 삼았습니다. 그런데 중국의 과거 역사에서는 '삼황오제'라고 하여 염제는 '삼황'에 포함시키는 경우가 많았지만, 치우는 처음부터 끝까지 오랑캐 중의 오랑캐일 뿐이었죠. 그의 임무는 황제의 권위를 위해, 즉 한족의 위엄을 위해 오직 비참하게 무너지는 적 혹은 패배자의 역할을 맡아야 했습니다.

그러나 역사에서는 영원한 적도 동지도 없다고 합니다. 현재 중국은 소수민족들을 통합시켜 다민족국가의 길을 가기 위해 남방의 치우마저 끌어안았습니다. 치우도 더 이상 적이 아니게 된 것이죠. 그리하여 언제부턴가 중국 도처에 낯선 풍경이 보이기 시작했습니다. 바로 한족에게는 징글징글한 악마 같은 치우가 갑자기 중국을 세운 세 명의 위대한 조상 중 하나로 떡하니 제단의 한 자리를 차지하게 된 것입니다. 그 대표적인 예가 1998년 허베이성 쥐루현에 세운 '중화삼조당'이라는 거대한 건축물입니다.

원래 신화 속 탁록이 실제로 어디를 가리키는지에 대해서는 학자마다 의견이 분분했지요. 하지만 중국 정부는 마침내 허베이성의 쥐루현(한국식 한자로는 탁록현)을 공식적인 탁록으로 지정했습니다. 그리고 다민족국가 중국의 뿌리를 찾는다는 의미에서 황제, 염제와 더불어 치우를 세 명의 조상으로 함께 모신 거대한 건축물을 짓기에 이르렀던 것입니다. 나아가 중국은 2008년 베이징올림픽의 성화도 그곳에서 채화했습니다. 이는 중국이 다양한 소수민족을 끌어안는 정책에 얼마나 신경 쓰고 있는지 단적으로 보여 주는 사례입니다.

우리나라에서는 치우가 한민족과 밀접한 관계가 있다고 하는 주장도 심심찮게 제기되곤 합니다. 2002년 한일 월드컵 때 붉은 악마 응원단이 휘둘렀던 깃발이 바로 치우의 모습이죠.

흑과 백의 대결
흑백지전

- 중국 나시족 -

나시족은 중국 남서부 윈난성 리장시를 중심으로 살고 있습니다. 사시사철 옥처럼 흰 눈을 머리에 인 채 새파란 하늘을 찌를 듯 높이 서 있는 위룽쉐산이 고성에 둘러싸인 도시를 지켜보고 있지요. 리장시는 옛날부터 차와 말이 오가는 교역의 중심지였습니다. 유명한 무역로인 실크로드보다 앞선 차마고도가 리장시에서 시작되지요.

나시족은 예부터 고유한 문화를 소중하게 지켜 왔습니다. 그들은 동파교라는 종교를 믿는데 불교와 토속적 샤머니즘이 섞인 듯한 종교입니다. 동파교의 경전인 『동파경』은 그들 고유의 문자인 동파 문자로 기록되어 있습니다. 우리 눈으로 보면 글자라기보다 아름다운 그림처럼 보이기도 합니다.

나시족은 자신들의 신화도 대대로 전승해 왔습니다. 다음에 소개할 「흑백지전」은 나시족의 땅이 어떻게 형성되었고, 조상들이 어떻게 적과 맞서 싸우며 살아왔는지 보여 주는 귀중한 자료입니다. 사실 그들은 주변의 강대한 한족 혹은 티베트족과 맞서 투쟁을 통해 민족의 역사와 문화를 지켜 왔던 것입니다.

　까마득히 오랜 옛날, 미리수주의 수족과 미리둥주의 둥족이 신수, 즉 신의 나무를 두고 서로 다투었습니다. 수족은 한밤중에 몰래 신수를 쓰러뜨리려 했고, 둥족은 낮과 밤을 가리지 않고 신수를 지키려 했지요. 이 때문에 둥과 수는 원수 사이가 되었습니다.
　신해 바닷가의 약라산은 흑과 백을 가르는 경계였습니다. 둥족은 하얀 세상에 살았고 수족은 검은 세상에 살았습니다. 흑백은 서로 오가지 않았습니다. 하얀 세상의 하얀 해는 하얀 호저가 지켰는데 수족은 검은 쥐를 시켜 산 아래에 몰래 구멍을 팠습니다. 그 구멍으로 하얀 세상의 투명하고 밝은 해가 검은 세상으로 새나갔지요.
　미리수주는 기회를 틈타서 둥족의 해와 달을 몰래 훔쳤습니다. 그러나 미리둥주가 곧 이것들을 되찾았습니다. 수주는 여전히 달가워하지 않았습니다. 그는 아들 미위에게 그것들을 다시 빼앗아 오라고 시켰습니다.
　둥족 왕자 아로는 눈부시게 환한 별로서 착하고 또 용감했습니다. 그는 아주 날렵했고 영웅의 기개를 지녔습니다. 그는 영토의 경계에서 둥주의 해와 달을 지켰습니다. 어느 날 아로가 순찰을 하다가 경계 지점에서 수주의 아들 미위를 만났습니다. 미위는 아로에게 자기네 땅에도 하얀 해와 달과 하늘과 땅과 산과 골짜기를 만들어 달라고 요청했습니다. 착한 아로는 기꺼이 동의했습니다.

아로가 아버지의 허락을 받으러 돌아가서 말하자 아버지는 절대 안 된다고 했습니다. 대신 둥주는 아들에게 비책을 일러 주었습니다. 수족의 땅을 비스듬하게 기울여 놓으라는 것이었습니다. 아로는 아버지가 시키는 대로 했습니다. 그런 다음 급히 돌아오면서, 경계 지점에 이르러 동으로 만든 틀, 쇠로 만든 틀을 던지고, 동으로 만든 가시, 쇠로 만든 가시를 꽂았습니다.

미위는 아로가 달아나는 것을 발견하고 필사적으로 추격했습니다. 그러나 그는 경계 지점에 이르러 아로가 설치한 장애물에 찔려 죽임을 당했습니다. 둥주는 미위의 머리를 도랑에 깊이 파묻게 했는데 이것이 커다란 분란을 일으키게 되었지요.

살해된 아들의 원수를 갚기 위해 수주는 모든 병력을 동원하여 전쟁을 일으켰습니다. 둥주는 이에 준비를 하고 있다가 꽁꽁 숨었습니다. 수주는 소득이 없어 다른 계책으로 미인계를 사용했습니다. 그는 자기 딸 거라오츠무를 시켜 신해 바닷가에서 목욕을 하게 했습니다.

거라오츠무는 목욕하면서 악기를 연주하고 듣는 이들의 애간 장을 녹이는 노래를 불렀습니다. 얼마가 지나자 아로는 계략에 빠져 결국 사로잡히고 말았습니다. 하지만 거라오츠무는 아로의 진정성을 느끼고 오히려 그에게 반해 사랑에 빠졌습니다.

아로는 이후에도 굴복하지 않았습니다. 거라오츠무는 아로의 자식을 둘이나 낳았습니다. 화가 난 수주가 위협을 가했지만 아로는 여전히 항복하지 않았습니다. 수주는 해와 달을 빼앗고 그를 죽이라고 명령했습니다. 아로는 의연히 죽음을 맞이했습니다.

"나를 죽일 수는 있을지언정, 둥족 사람들은 죽음을 두려워하지 않는다. 너희는 해와 달을 영원히 갖지 못하리라!"

거라오츠무는 그 광경을 보면서 마음이 찢어졌지만 혈족을 배반할 수 없었습니다. 그녀는 자기의 운명을 받아들이지요. 아로가 죽을 때 그녀는 피눈물을 흘리며 수주에게 이렇게 간청했습니다.

"아로의 얼굴은 해와 달처럼 밝고 아름다워요. 부탁하건대 피로써 그이의 얼굴을 더럽히지 말아 주세요. 나는 그이의 머리를 사랑하오니 곡괭이로 머리를 내리찍지 말아 주세요. 나는 그이의 심장을 사랑하오니 심장을 긴 창으로 찍지 말아 주세요."

아로의 최후를 해와 달이 지켜보았습니다. 둥주는 그때까지 아로의 죽음을 알지 못한 채 사방으로 찾아다녔습니다. 아로의 두 아들이 수족의 검은 바람, 검은 구름을 피해 몰래 달아나 둥주의 흰 구름, 흰 바람 안으로 들어왔습니다. 아들이 죽었다는 소식을 그제야 들은 둥주는 복수의 전쟁을 선포했습니다.

"대장장이는 밤낮없이 쇠를 두드려라. 불꽃이 매처럼 날고 아궁이 소리가 용처럼 울게 하라. 천둥소리가 나도록 쇠를 두드려라. 호랑이 무늬, 표범 무늬의 갑옷을 만들어라. 번쩍번쩍 빛나는 투구를 만들어라. 화살촉을 날카롭게 벼려라. 창과 칼을 만들어라. 삼나무를 찍어 1만 개의 긴 창을 만들어라. 대나무 숲을 베어 1만 개의 단단한 방패를 만들어라. 1만 마리 야크와 소를 죽여서 그 뼈로는 단단한 활을 만들고, 가죽으로는 활시위를 만들어라."

이렇게 하여 무시무시한 흑백 대전이 벌어졌습니다. 하늘이 들썩이고 땅이 울렸습니다. 둥족의 병사들이 추격하자, 수족의 병사들이 달아났습니다. 창과 칼이 번뜩이자, 수족의 아홉 개 방어선과 아홉 개 산채가 무너졌습니다. 수족 병사와 말들의 시체가 산을 이루었지요. 결국 수주도 죽임을 당했습니다. 이로써 밝은 세상이 찾아왔고 둥족의 자손은 번성하게 되었습니다.

「흑백지전」은 나시족의 대표적인 창세신화이자 영웅서사시입니다. 마치 한 편의 드라마를 보는 듯 장엄한 영웅들의 이야기가 생생하게 펼쳐집니다. 그 속에서 아름답고도 슬픈 사랑 이야기도 전개됩니다. 선과 악, 백과 흑의 갈등과 대립이 끝내 어느 쪽도 결코 물러설 수 없는 전쟁으로 이어졌습니다. 물론 최후의 승리는 백과 선의 몫이었지요.

비슈누의 네 번째 화신
나라심하
- 인도 -

종교나 신화에서는 '화신(化身)'이라는 개념이 종종 등장합니다. 화신은 말 그대로는 몸이 변한다는 뜻입니다. 영어로는 '아바타'라고 하는데 인도의 산스크리트어에서 그대로 따와 쓰는 말입니다. 전 세계에서 크게 흥행한 영화 〈아바타〉도 바로 이 화신을 바탕으로 제작되었습니다. 판도라 행성의 토착민들에게 인간의 의식을 주입하여 인류에게 필요한 새로운 에너지를 취하려 한다는 게 영화의 기본 전제입니다. 하반신이 마비된 전직 해병대원 제이크 설리가 아바타 프로그램에 참가하면서 영화가 시작되지요.

불교에서는 부처가 중생을 구원하거나 가르치기 위해 여러 모습으로 변화하는 일을 말합니다. 대개 좋은 인격이나 존재로 나타나지만 필요에 따라서는 마왕처럼 사나운 형상으로 나타나 교훈을 주기도 합니다. 기독교에서는 '성육신'이라는 개념이 이와 유사하다고 할 수 있는데, 예수가 하느님이 성육신한 존재라는 사상입니다.

무엇보다 힌두교에서 이 화신 사상은 아주 중요한 구실을 합니다. 신들이 인간 세상에 오려면 어쩔 수 없이 인간의 모습으로 나타나는 경우가 많기 때문입니다. 물론 꼭 인간의 모습으로 화신하는 것만은 아닙니다. 무시무시한 괴물로 나타나서 벌을 주기도 해야 하니까요.

인도 신화에서는 세 최고신 중에 특히 비슈누의 화신이 유명합니다. 비슈누의 화신 중에서도 다음의 열 가지 화신이 중요합니다.

비슈누의 열 가지 화신

❶ 마츠야: 대홍수로부터 인류를 구하는 큰 물고기
❷ 쿠르마: 우유의 바다를 휘저을 때 만다라산을 지탱하는 축이 되는 거북이
❸ 바라하: 침몰한 대지를 이빨로 끌어 올린 멧돼지
❹ 나라심하: 악을 물리치기 위해 나타난 반인반수의 괴물
❺ 바마나: 우주의 삼계를 창조한 난쟁이
❻ 파라슈라마: 도끼를 휘둘러 모든 크샤트리아를 섬멸한 피의 용사
❼ 라마: 인간으로 태어나 마왕 라바나를 물리친 왕자
❽ 크리슈나: 다양한 모습으로 나타나 인도인의 사랑을 한 몸에 받는 화신
❾ 고타마 붓다: 불교의 창시자
❿ 칼키: 백마를 타고 나타나 암흑의 시대를 끝장낼 미래의 구세주

여기서도 알 수 있듯이 힌두교에 따르면 석가모니도 비슈누의 화신입니다. 물론 불교에서는 이를 부인하지만요.

일곱 번째 화신 라마는 특히 중요합니다. 마왕 라바나는 엄청난 고행 끝에 창조신 브라흐마로부터 신과 악마는 물론 그 누구한테도 죽지 않을 운명을 선사받았습니다. 기고만장한 그가 세상을 어지럽히고 신들마저 조롱할 때, 인간의 왕자로 태어나 그를 물리치는 역할을 담당한 것이 라마입니다. 그때 하누만이 이끄는 원숭이 부족이 함께 싸움에 나서죠. 라바나가 라마의 아름다운 아내 시타를 납치해 가면서 벌어진 싸움입니다.

이 이야기가 「마하바라타」와 더불어 인도를 대표하는 대서사시 「라마야나」의 내용입니다. 「마하바라타」는 두 친족이 왕권을 두고 다투는 18일간의 처절한 전쟁에 관한 신화입니다. 특히 판다바 쪽의 다섯 형제는 영웅 중의 영웅들이죠. 그들의 활약은 끝도 없는 이야기들을 만들어 냅니다. 인도 사람이라면 이 두 서사시를 모르는 사람이 없습니다. 나아가 이 두 서사시는 동남아시아 여러 나라에도 전해져서 그곳 사람들로부터도 엄청난 인기를 얻었습니다. 여기서는 비슈누의 여섯 번째 화신 나라심하에 대한 이야기를 다루도록 하겠습니다.

비슈누의 세 번째 화신인 멧돼지 바라하에게 죽은 마왕 히란약샤는 쌍둥이였습니다. 황금 옷을 입는 마왕 히란야카시푸가 바로 그 쌍둥이 형제였습니다. 그는 히란야크샤의 죽음에 대한 복수를 맹세했습니다.

히란야카시푸는 애초에 최고신 브라흐마로부터 신이나 인간이나 동물 등 그 어떤 존재도 그를 안에서나 밖에서나, 또는 낮에나 밤에도 죽일 수 없고, 어떠한 무기로도 해를 입힐 수 없다는 축복을 받은 바 있습니다. 그런 축복이 오히려 그를 기고만장하게 만들었습니다. 그는 두려운 게 없었지요. 인간은 물론, 마음 내키는 대로 하늘의 신들까지 괴롭히고 조롱했습니다.

히란야카시푸가 온갖 패악을 저지르며 지상과 천국을 혼란시켜도 내로라하는 신들조차 어쩔 수가 없었습니다. 그가 받은 축복은 최고신 브라흐마의 선물이었거든요. 급기야 신들은 또 다른 최고신 비슈누에게 도움을 요청할 수밖에 없었습니다. 세상을 제대로 유지하는 게 그의 임무였으니까요.

그런 히란야카시푸에게는 비슈누를 독실하게 믿는 아들 프라흘라다가 있었습니다. 이 때문에 히란야카시푸는 기분이 몹시 상했지요. 비슈누 말고 브라흐마를 믿으라고 아무리 말해도 듣지 않았거든요. 히란야카시푸는 어떤 가혹한 고통과 고난을 주어도 자신의 말을 듣지 않는 아들이 미워 끝내 죽이려고까지 했습니다.

히란야카시푸는 아들을 불러 놓고 말했습니다.

"만약 너의 신이 어디든지 있다면 이 돌기둥에도 있느냐?"

히란야카시푸는 집 안의 돌기둥을 발로 차면서 비꼬았습니다.

나라심하

프라흘라다는 믿음을 전혀 굽히지 않았습니다.

"비슈누는 어디에나 있으니 당연히 이 방의 기둥에도 있지요."

히란야카시푸는 길길이 날뛰었습니다.

"오냐, 그렇다면 어디 네 비슈누한테 도와달라고 빌어 보거라!"

생명의 위협을 느낀 프라흘라다는 비슈누에게 도와달라고 빌었습니다. 그 순간 비슈누가 돌기둥에서 사자 인간의 모습으로 뛰쳐나와 마왕 히란야카시푸를 이빨로 찢어 죽였습니다. 브라흐마의 축복은 소용이 없었습니다. 왜냐하면 화신인 나라심하는 반은 사람이고 반은 사자인 모습이었습니다. 그러니 인간도 아니고 신도 아니고 그렇다고 짐승도 아니었지요. 게다가 그가 나타난 때는 밤도 낮도 아닌 황혼 무렵이었습니다. 그것도 안도 아니고 밖도 아닌 문지방에서 히란야카시푸를 처단했던 것입니다. 나라심하는 무기가 아니라 손톱과 이빨로 그를 찢고 물어뜯었으니 그것 역시 브라흐마의 축복과는 상관이 없었지요.

이후 나라심하는 사원의 문지방에서 잡귀나 잡신이 안으로 들어오지 못하게 지키는 상징물이 되었습니다.

뱀왕 자하크와 황소가 키운 페레이둔

- 페르시아 -

페르시아를 대표하는 서사시 「샤나메」는 왕의 책이라는 뜻입니다. 창세 때부터 이슬람이 들어오기 이전까지 페르시아의 전설적인 왕조들의 이야기를 두루 담은 서사시지요. 구체적으로는 피슈다디 왕조, 카야니 왕조, 아슈카니 왕조, 사산 왕조의 네 왕조를 대상으로 하고 있습니다.

이 서사시는 역사적 사실을 있는 그대로 기록하는 데 초점을 맞추고 있지는 않습니다. 시인 피르다우시는 11세기 초반 아랍의 지배 아래 페르시아의 말과 문화가 심각하게 위협받는 상황에서 이 서사시를 완성시켰습니다. 그리하여 자칫 사라져 버릴 뻔한 고대 페르시아 문명의 화려한 이야기들을 보전하는 데 크게 기여했습니다.

「샤나메」는 이슬람교가 성행하기 전에 이 지역에 널리 퍼졌던 조로아스터교를 정신적 배경으로 삼고 있습니다. 선과 악의 끝없는 다툼이 끝없이 이어지는 것이 그 증거입니다. 특히 초반부를 화려하게 장식하는 자하크 왕은 악을 대표하는 인물입니다. 그는 악마의 꾐에 빠져 아버지를 죽이고 왕위를 차지합니다. 하지만 폭정을 일삼다가 나중에는 선의 힘에 쫓겨나 비참한 최후를 맞이하게 되는 이른바 '반(反)영웅'이라 할 수 있습니다.

대왕 잠시드가 통치하던 평화와 화합의 시대는 700년이나 지속되었습니다. 그때 사람들은 죽음을 몰랐고 고통과 슬픔도 알지 못했지요. 하지만 그 기간이 너무 오래되다 보니 잠시드 스스로 자만에 빠져 다가오는 악의 기운에 대비하지 못했습니다. 악신 앙그라 마이뉴는 이때를 틈타 자신의 야욕을 드러내기 시작했습니다. 그는 그 야욕을 인간 세상에서 대신해 줄 사람으로 자하크를 선택했습니다.

자하크는 소왕국을 다스리던 미르타스의 아들이었습니다. 그는 자애롭고 정의로운 아버지와는 여러모로 성격이 달랐습니다. 특히 남의 말에 쉽게 흔들리는 사람이었지요. 앙그라 마이뉴는 그에게 나타나 이렇게 유혹했습니다.

"당신은 누구보다 훌륭한 왕이 될 운명이며 충분히 그럴 만한 자격이 있소. 하지만 이대로라면 아마 당신이 늙어 꼬부라질 때까지 당신의 아버지가 왕좌를 지킬 것이오."

앙그라 마이뉴는 왕이 자주 다니는 길에 구덩이를 파고 그 위에 나뭇잎을 덮어 놓으라고 부추겼습니다. 왕권에 눈이 먼 자하크는 그의 말을 따랐습니다. 결국 미르타스는 아들이 판 구덩이에 빠져 죽고 말지요. 자하크는 바라던 대로 왕위를 차지합니다.

앙그라 마이뉴는 천하제일의 요리사로 변장하여 다시 자하크 앞에 나타났습니다. 그리하여 매일 밤 호화로운 파티를 열어 주지요. 그때마다 어찌나 맛있는 요리를 내놓는지 자하크는 그에게 홀딱 반해 무엇이든 소원을 말하라고 합니다.

"제 소원은 아주 간단합니다. 그저 위대하신 대왕님의 두 어깨에 키스할 수 있게 허락해 주십사 하는 것입니다."

자하크는 요리사의 소원을 기꺼이 들어주었습니다. 그가 키스하고 사라지자 놀라운 일이 벌어졌습니다. 자하크의 두 어깨에서 시커먼 뱀이 자라났습니다. 자하크는 부하들을 시켜 즉시 그 뱀들을 베게 했습니다. 그러나 베어도 베어도 뱀은 끊임없이 되살아났습니다.

앙그라 마이뉴가 자하크의 귀에 대고 이렇게 속삭였습니다.

"아무리 베어도 소용이 없네. 그 뱀들은 오직 사람의 뇌를 먹어야 자네를 해치지 않을 것이야."

결국 자하크는 매일같이 두 사람을 죽여 뱀에게 그들의 뇌를 먹여야 했습니다.

그 무렵, 이란의 통치자 잠시드는 교만해진 나머지 왕권을 잃고 말지요. 혼란의 와중에서 자하크가 새로운 통치자로 등장했습니다. 그가 대군을 일으켜 잠시드를 쫓아낸 것입니다. 자하크는 잠시드를 붙잡아서 몸을 반토막 내는 방식으로 잔인하게 처형합니다. 그런 다음 잠시드의 두 딸을 아내로 맞이했지요.

그때부터 자하크의 폭정은 하루도 끊이지 않았습니다. 그러는 동안 자하크는 어깨 위의 두 뱀을 위해 매일같이 두 사람씩 죽였습니다. 아이들도 예외가 아니었습니다. 어떤 용사들이 요리사로 변장하고는 사람 대신 양의 뇌를 주려 했지만 실패하고 말았습니다. 자하크의 폭정은 무려 1,000년이나 지속되었습니다.

그러던 어느 날, 자하크는 꿈을 꿉니다. 왕실의 한 후손이 황소 머리를 달고 있는 철퇴를 들고 나타나는 꿈이었습니다. 한 현자가 그 꿈은 왕의 죽음을 예견하는 악몽이라고 해석해 주었습니다. 게다가 황소 머리 철퇴를 들고 나타나 반란을 주도하는 자의 이름까지 알려 주었지요. 그 이름은 페레이둔이었습니다. 두려움에 젖은 자하크는 부하들로 하여금 온 나라 어디서든 그런 이름을 찾아내게 했습니다.

부하들은 페레이둔이라는 이름을 가진 소년이 사는 곳을 발견했습니다. 알고 보니 소년의 아버지는 뱀의 먹이로 이미 죽었고, 소년의 어머니는 소년이 잠시드의 후손임이 드러날까 봐 두려워 아들을 데리고 엘부르즈산맥으로 도망쳤습니다. 그리고 그곳에 있는 아름답고 경이로운 황소 푸마예를 지키는 수호신에게 아들을 맡겼습니다. 자하크의 부하들이 나타났을 때 이미 페레이둔은 어디론가 사라진 후였습니다. 부하들은 황소를 죽이고 숲을 폐허로 만든 후에 돌아갔습니다.

어느 날 대장장이 카바가 반란을 일으켰습니다. 16년 만에 산에서 내려온 페레이둔도 여기에 합류했지요. 정의를 바라는 모든 사람이 반란에 참가합니다. 출정에 앞서 카바는 이렇게 말했습니다.

"우리는 자하크의 포악하고 가혹한 정치를 더 이상 용납해서는 안 된다. 그 악마는 내 아들들을 열일곱 명이나 잡아갔고, 그 아이들을 죽여서 살아 있는 뱀들의 먹이로 주었다. 하나 남은 아들마저 잡혀 지금 감옥에 갇혀 있다. 나는 내 아들들과 뱀의 먹이가 된 모든 사람의 죽음을 복수하려 한다. 모두 나를 따라 뱀왕 자하크를 물리치자."

사람들은 다 같이 왕궁을 향해 돌진했습니다. 자하크는 크게 놀라 카바의 하나 남은 아들을 관대히 석방하는 척합니다. 하지만 이미 때는 늦었지요.

페레이둔은 군대의 맨 앞에서 황소 머리 모양의 철퇴를 들고 성으로 진격했습니다. 자하크는 성을 비우고 달아났다가 끝내 붙잡혔습니다. 페레이둔은 자하크를 황소 머리 철퇴로 내리치려다가 천사의 충고를 받아들입니다.

"아니요, 아직 자하크의 때가 다하지 않았습니다."

페레이둔

페레이둔은 할 수 없이 자하크를 엘부르즈산맥으로 데려가 사슬로 칭칭 묶어 두었습니다. 손에는 못을 박았고요. 자하크는 피를 흘리며 죽을 때까지 고통받았습니다. 그곳은 황량한 산이라 해를 가려 줄 나무한 그루 없었습니다. 사슬은 그의 손목을 파고들었습니다. 갈증에 목구멍이 타들었지만 아무도 그에게 물 한 방울 건네지 않았습니다.

길고 길었던 자하크의 지배는 그렇게 끝이 났습니다. 이후 페레이둔이 왕위에 올라 500년 동안 평화롭게 나라를 다스렸습니다.

생각해 볼 점

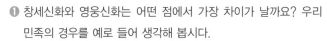

❶ 창세신화와 영웅신화는 어떤 점에서 가장 차이가 날까요? 우리 민족의 경우를 예로 들어 생각해 봅시다.

> 힌트 제주도 창세신화 「천지왕본풀이」에 등장하는 대별왕, 소별왕과 역사책 『삼국유사』에 등장하는 단군, 주몽, 혁거세, 수로왕을 비교해 봅시다.

❷ 다양한 민족의 시조신화 혹은 건국신화를 살펴보고 서로 비슷한 특징으로 어떤 것이 있는지 따져 봅시다.

> 힌트 중국의 역사에 등장하는 민족만 해도 한족을 제외하고도 만주족, 여진족, 선비족, 돌궐족 등 수많은 민족이 있습니다. 그중에는 한때 강력한 국가를 건설한 민족도 있습니다. 그런 경우 건국 영웅을 기리는 신화가 전해지고 있습니다.

7장

죽음과 맞서 싸운
영웅들

신화는 결국 인간이 가장 감당하기 어려운 죽음의 문제를
어떻게 받아들일지 스스로 질문을 던지고
스스로 그 해답을 추구하는 데
마지막 목적이 있는지 모릅니다.

도전을 두려워하지 않은 신화 속 인물들

영웅들은 대개 도전을 두려워하지 않았습니다. 그들 중 대부분은 안 된다는 금기를 깨고서라도 모험을 감행했지요. 더 특별한 영웅들은 때로 자신에게 주어진 운명마저 거부했습니다. 심지어 인간이면 누구나 피할 수 없는 죽음마저 거부한 영웅도 존재합니다.

물론 그런 행동을 했다고 해서 그들을 모두 영웅이라 부를 수는 없습니다. 그랬다가는 자칫 불필요한 혼란마저 불러일으킬 수도 있고요. 예컨대 그리스·로마 신화의 시시포스는 신을 두려워하지 않은 인간 중 한 명입니다. 그는 코린토스의 왕으로 제우스의 비밀을 폭로한 죄가 드러나 죽음에 처할 상황이 되자 꾀를 써 죽음의 신 타나토스를 족쇄로 묶어 버리지요. 말하자면 그는 죽음이라는 운명을 거부한 셈입니다.

바위를 들고 산을 오르고 있는 시시포스

　하지만 시시포스는 나중에 끔찍한 방식으로 죗값을 치러야 했습니다. 커다란 바위를 굴려서 산비탈을 오르는 일이었죠. 문제는 산꼭대기에 다 이르렀다 싶으면 바위가 굴러 떨어졌습니다. 그러면 그는 밑으로 내려가 다시 처음부터 바위를 굴리며 올라가야 했습니다. 영원히 이 일을 되풀이하는 것이 벌이었습니다.

시시포스를 영웅이라 부르는 데에는 조심스러운 측면이 있습니다. 시시포스가 특별히 인간 편에서 대단한 업적을 쌓은 게 없기 때문이지요. 그는 오히려 소를 훔쳐갔다는 이유로 아우톨리코스의 딸 안티클레이아를 납치하기도 했거든요. 하지만 프랑스 소설가 알베르 카뮈는 바위가 굴러 떨어질 거라는 사실을 알면서도 거듭 산비탈을 오르내리는 시시포스의 모습을 보고 오히려 인간 승리라 부르기도 했습니다.

나아가 북유럽 신화에 나오는 거인족 로키처럼 끝없이 말썽을 부리는 인물도 있습니다. 이들은 영웅이라기보다는 영웅이 하는 일에 사사건건 맞서고 훼방 놓는다는 점에서 '반영웅'이라고 해야 할 것입니다.

신화의 세계에서는 특히 이런 인물을 가리켜 '트릭스터'라고 부르기도 합니다. 이들은 목적을 이루기 위해서라면 정당하지 못한 방법도 마다하지 않습니다. 트릭, 즉 속임수나 얕은꾀를 써서라도 원하는 것을 얻어 낸다는 것이죠. 모로 가도 서울만 가도 된다는 말이겠고요.

물론 그들이 그 과정에서 우연찮게 인간 세상을 위해서 좋은 일을 하게 되는 경우도 있습니다. 그들은 대개 남을 괴롭히거나 자기 이득만 챙기는 편이지만, 때로는 인간에게 없던 불을 훔쳐온다거나 바다에서 낚시하다가 엉뚱하게도 섬을 끌어 올린다거나 해서 결과적으로 인간에게 도움을 주기도 합니다. 어떤 신화에서는 영원히 죽지 못해 오히려 고통받던 인간에게 죽음을 가져다주는 것도 이들입니다.

이들에게 도덕이나 법률의 잣대를 들이대며 이러쿵저러쿵하는 것은 그다지 의미 없는 일입니다. 그들은 아예 세상의 판단 자체를 거부하는 존재니까요. 오직 자기 자신의 마음이 가는 대로 움직이고 행동할 뿐이지요.

또 사실 주어진 운명을 그대로 받아들이기만 한다면 인류 사회에 어떤 발전이 있겠습니까? 자신에게 다가올 고통을 감수하면서도 새로운 운명의 길을 걸어 보려 했던 이들이야말로 진정한 영웅이 아닐까요.

이제 우리는 죽음 앞에 선 영웅들의 다양한 모습을 살펴보려 합니다. 죽음은 영웅이라고 피해 가지 않습니다. 그때 그들은 과연 어떤 태도를 취할까요? 죽음은 그들에게도 영원한 끝일까요? 아니면 무엇인가 새로운 세계의 시작을 의미할 수도 있을까요?

신화는 결국 인간이 가장 감당하기 어려운 죽음의 문제를 어떻게 받아들일지 스스로 질문을 던지고 스스로 그 해답을 추구하는데 마지막 목적이 있는지 모릅니다.

죽음마저 감동시킨 현악기 코부즈
- 중앙아시아 -

옛날에 코르쿠트라는 사람이 있었는데 아주 지혜롭고 미래를 내다볼 줄 알았습니다. 그는 시시콜콜한 것부터 무거운 철학적 주제에 이르기까지 호기심이 많았으며 특히 사람이 왜 죽는가에 대해서 생각을 많이 했습니다.

어느 날 코르쿠트는 꿈속에서 사람들이 무덤을 파고 있는 광경을 목격했습니다.

"이게 누구의 무덤입니까?"

"코르쿠트의 무덤이지요."

코르쿠트는 몹시 놀랐지만 아무 소리도 내지 않고 몰래 자리를 떴습니다.

다음 날 코르쿠트는 아주 멀리까지 가서는 사막을 여행했습니다. 난생처음 가는 곳이었지요. 그런데 그곳에서 갑자기 꿈속의 광경을 목격합니다. 사람들이 무덤을 파고 있었는데 물어보니 바로 코르쿠트의 무덤이라는 대답이 돌아왔습니다. 그는 놀란 마음을 가까스로 진정시킨 후 고향으로 돌아왔습니다. 그런 다음 본격적으로 죽음과 맞서 싸우기로 결심했습니다.

'그래, 미리 대비하면 죽음이라고 물리치지 못할 것도 없을 거야.'

코르쿠트는 잠시도 코비즈를 손에서 놓지 않았습니다. 코비즈는 아주 아름다운 소리를 내는 현악기로 그는 코비즈를 연주할 때마다 죽음에 대한 공포를 잊을 수 있었습니다.

그러던 중 다시 꿈을 꾸었는데 이번에는 '죽음'이라는 말을 입 밖으로 내뱉는 순간 죽을 것이라는 목소리를 들었습니다. 잠에서 깬 그는 절대로 죽음을 말하지 않으리라 굳게 다짐했습니다.

세월이 흘렀습니다. 코르쿠트는 카자흐스탄 곳곳을 두루 여행하고 다녔지만, 죽음이라는 말은 한 번도 입 밖으로 내지 않았습니다. 그만큼 철저하게 마음을 먹었기 때문이었죠.

그러다가 어느 날 데리고 다니던 송아지가 갑자기 달아나자 저도 모르게 이렇게 말했습니다.

"이놈의 송아지, 죽어도 찾고 말 테다."

코르쿠트는 말이 끝나기도 전에 화들짝 놀랐습니다.

'아니, 내가 대체 무슨 실수를 한 거지?'

코르쿠트는 크게 후회했습니다. 갑자기 죽음의 그림자가 눈앞에 다가온 것 같았습니다. 그는 서둘러 고향으로 돌아가서 시르다리야강을 찾아갔습니다. 그리고 강 한복판으로 나아가 물에 빠지지 않는 양탄자를 깔고 앉아 코비즈를 연주하기 시작했습니다.

죽음을 앞둔 코르쿠트는 지나간 시절에 대한 추억을 음악으로 담아냈습니다. 오랫동안 여행을 다니며 보았던 풍경도 그 음률에 담아냈지요. 그렇게 흘러나오는 음악이 어찌

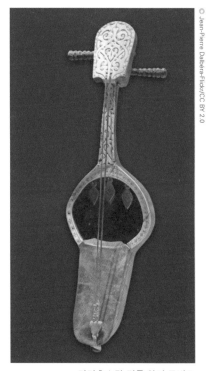

카자흐스탄 전통 악기 코비즈

나 아름다운지 호들갑스럽게 지저귀던 새들도 지저귐을 멈췄고, 요란스럽게 지나가던 바람도 가던 길을 멈춰 섰습니다. 짐승들도 여기저기서 일부러 찾아와 조용히 귀를 기울였습니다. 심지어 흐르는 강물조차도 그의 음악을 듣기 위하여 잠시 흐름을 멈출 정도였습니다.

그런데 강기슭에는 어느새 죽음이 와 있었습니다. 죽음의 신은 행여 코르쿠트가 연주를 그만둘까 봐 아무런 기척도 내지 않았던 것입니다. 그 역시 비록 제 임무가 있었지만 코르쿠트의 아름다운

연주를 언제까지고 듣고 싶었던 것이지요.

그러다 한순간, 코르쿠트가 지쳐서 그만 손에서 활을 살짝 놓치고 말았습니다. 그러자 죽음의 신은 독사로 변해 강 복판으로 헤엄쳐 나아갔습니다. 코르쿠트는 결국 그 독사에게 물려 죽고 말았습니다.

사람들은 코르쿠트를 시르다리야 강변에 그가 연주하던 악기와 함께 묻어 주었습니다. 그때부터 그곳을 지나던 사람들은 아름답게 흘러나오는 현악기 선율을 들을 수 있었지요.

몸을 머리 삼아
적을 베다
- 중국 -

죽음을 거부한 영웅 중에서도 아주 독특한 영웅이 있습니다. 그는 열심히 싸웠지만 그만 목이 베어지고 말았어요. 그는 분통한 나머지 자신의 죽음을 받아들이지 못했습니다. 그래서 기상천외한 방식으로 다시 싸움을 걸었죠. 그를 죽인 쪽에서는 기가 막혔습니다. 뭐 이런 적이 다 있나 싶었겠죠. 그래도 존경할 만한 적입니다. 한번 세운 뜻을 죽어서도 꺾지 않았으니까요.

문제는 그가 수천 년 세월이 흘렀는데도 오늘날에도 여전히 저 깊은 산속 어딘가에서 보이지 않는 적을 향하여 칼을 휘두르고 있을지 모른다는 사실입니다. 이 기막힌 신화는 기기묘묘한 온갖 귀신만 모아 놓은 중국의 『산해경』이라는 책에 나오는, 사실은 아주 짤막한 이야기입니다.

형천은 염제 신농의 신하였습니다. 황제 헌원이 염제를 끌어내렸을 때 형천은 염제에게 병사를 일으켜 다시 대항할 것을 권했습니다. 치우처럼 말이죠. 그러나 염제는 그의 말을 들으려 하지 않았습니다. 형천은 화가 머리끝까지 치밀어 올랐습니다. 그러다가 치우마저 죽임당하자 혼자서라도 승부를 가리려고 마음먹었습니다.

형천은 남방을 떠났습니다. 왼손에 방패, 오른손에 도끼를 들고서 오직 황제만을 목표로 앞으로 달려갈 뿐이었습니다. 그의 앞길은 험난했지요. 황제를 만나기도 전에 수많은 장수와 병사를 물리쳐야 했습니다. 하지만 그들은 모두 형천의 적수가 못 되었습니다. 그는 파죽지세로 나아가 마침내 황제의 궁전에 도착했습니다.

황제는 형천이 기어이 도착했다는 보고를 받고 치밀어 오르는 분노를 누를 수 없었습니다. 그는 친히 보검을 움켜쥐고 곧바로 뛰쳐나가 형천과 싸우기 시작했습니다. 둘은 구름 위에서 한판 승부를 벌였습니다. 오래도록 싸웠지만 승부는 쉽게 나지 않았어요.

어느새 그들은 인간 세계로 내려와 있었습니다. 서쪽의 상양산 부근까지 이르게 되었는데 상양산은 본래 염제가 태어난 곳이었습니다. 거기서 북쪽으로 멀지 않은 곳에는 황제의 자손이 모여 사는 헌원국이 있었습니다. 황제와 형천은 각기 자신들의 근거지에 가까워졌기 때문에 용기를 얻어 더욱 치열하게 맞붙었습니다. 그러다가 황제가 형천의 허를 찔러 일격을 가했습니다. 결국 형천의 커다란 머리가 목에서 댕강 떨어져 나와 산기슭으로 데굴데굴 굴러갔습니다.

형천은 자기 머리가 없어진 것을 깨닫고 마음이 급해졌습니다. 오른손에 쥐고 있던 도끼를 왼손으로 옮겨 쥐고 몸을 굽혀 땅을 더듬기 시작했지요. 주변의 산을 모조리 더듬어도 쉽게 찾을 수 없었습니다. 그의 손이 닿자마자 하늘을 찌를 듯 높이 솟은 나무들과 기암괴석들이 모래처럼 부서져 내렸습니다. 산에는 흙먼지가 자욱했고 부러진 나무와 돌덩이들이 마구 굴러다녔습니다.

그 광경을 보고 황제도 덜컥 겁이 났습니다. 만일 형천이 자기 머리를 찾아 다시 목에 붙이기라도 한다면 분명히 또 자기를 찾아올 것이 분명했죠. 황제는 보검을 들어 상양산 한복판을 세게 내리쳤습니다. 그러자 산이 쩍하고 반으로 갈라지면서 깊은 골짜기가 생겼습니다. 형천의 머리는 그 갈라진 틈으로 떨어졌습니다. 그리고 산은 다시 붙어 하나가 되었지요.

땅에 쪼그리고 앉아 제 머리를 찾던 형천은 잠시 동작을 멈추었습니다. 그는 자기 머리가 이미 땅속에 묻혀 버렸음을 깨달았지요. 하지만 그는 자신의 패배를 인정할 수 없었습니다.

"좋아하지 말라. 싸움은 이제 겨우 시작이다!"

형천은 자리를 박차고 벌떡 일어났습니다. 그리고 한 손에는 도끼를, 다른 한 손에는 커다란 방패를 들고 하늘을 향해 마구 휘두르기 시작했지요. 눈앞에 있지만 보이지 않는 적을 향해 또다시 죽음의 결투를 청하는 것이었습니다.

웃통을 벗은 형천은 이제 자신의 젖꼭지를 눈으로, 커다란 배꼽을 입으로 삼았습니다. 가슴에 달린 그의 두 눈에서는 분노의 불꽃이 이글거렸고, 배에 달린 큰 입에서는 적을 저주하는 말들이 당장이라도 튀어나올 것 같았습니다. 그는 결코 패배를 인정하지 않았습니다. 그저 상대의 칼날에 우연히 머리가 잘린 것뿐이었으니까요. 그에게는 여전히 싸울 수 있는 힘과 용기가 있었습니다.

머리가 사라진 형천의 모습

황제는 그런 형천을 보고 혀를 내둘렀습니다. 그리하여 그런 그를 그냥 놓아둔 채 하늘나라로 가 버렸습니다. 그렇지만 형천은 포기하지 않았습니다. 밥도 굶고서 쉴 새 없이 도끼를 휘둘렀습니다. 비가 오나 눈이 오나 그의 동작은 의연했지요.

그로부터 수천 년이 흐른 지금도 형천은 여전히 상양산 부근 어디에선가 긴 싸움을 계속 이어 가고 있을지 모릅니다.

베흘라의 천국 여행

- 벵골 -

남아시아의 동북부 지방, 즉 인도의 동북부와 방글라데시를 한데 아울러서 벵골이라 합니다. 방글라데시는 원래 인도 영토였는데 인도 독립 후 종교 문제로 파키스탄이 분리할 때 동파키스탄으로 함께 떨어져 나왔습니다. 그러다가 언어, 인종, 경제 등 갈등이 증폭되면서 전쟁을 치렀고 그 결과 1971년 독립을 선언했습니다. 이슬람교를 믿는 사람이 압도적인 비율을 차지하고 있죠.

벵골의 힌두교 신앙에는 인도의 다른 지역에 비해 특이한 면모를 보이는 신이 존재합니다. 남성 중심적인 기존의 힌두교 신앙에 저항하여 여성으로서 자신의 위치를 끊임없이 강조하는 여신 마나사가 대표적입니다. 이는 힌두교에서 예부터 벵골을 아수라(악신)의 땅으로 간주하던 전통과 무관하지 않습니다.

「마나사」라는 신화에 따르면, 시바의 딸로 태어나지만 버림받는 마나사는 뱀의 여신으로서 굉장한 초능력을 발휘합니다. 따라서 자신도 시바만큼 경배받을 권리가 있다고 주장하지요. 하지만 다른 사람들은 몰라도 유독 상인 칸도만은 한사코 경배를 거부합니다. 이에 마나사는 쉴 새 없이 칸도를 괴롭히지만 칸도는 악착같이 버티고 버티죠.

어느 날 칸도는 마나사가 보낸 뱀에게 여섯 아들을 잃고 맙니다. 그는 하나 남은 막내아들만큼은 지키기 위해 운명적으로 과부가 되지 않는다는 처녀 베휼라를 찾아내 서둘러 아들과 결혼을 시킵니다. 그런 다음 둘을 무쇠로 만든 방 안에 넣어 뱀의 침입을 원천 봉쇄하죠.

하지만 마나사는 무쇠 방을 만드는 건축가를 구슬려 눈에 띄지 않게 아주 작은 구멍을 내 놓았습니다. 마나사는 그 구멍으로 독사를 들여보내 기어이 아들을 죽입니다. 문제는 베휼라가 남편의 갑작스러운 죽음을 받아들이지 않는다는 사실입니다.

이어지는 이야기는 베휼라의 당찬 대처 방식을 보여 줍니다. 그녀는 자신에게 닥친 불행을 수동적으로 받아들이지 않습니다. 무엇인가 대책을 강구하고 자신이 할 수 있는 모든 노력을 다 기울입니다.

신화는 비단 남편에 대한 베휼라의 사랑만을 보여 주는 데 초점을 두지 않습니다. 남편의 죽음에 항의하는 베휼라의 모습을 통해 엄격한 카스트 사회에서 이중 삼중으로 억압받는 여성에게 주어진 운명을 거부하라는 메시지를 전달하는 셈이기도 하니까요. 참고로 이어지는 이야기에서 마나사는 파드마로, 칸도는 찬드로 불립니다.

아침에 일어나자마자 남편 락슈민다르가 죽어 있는 걸 본 베휼라는 해독제를 가지러 갔습니다. 그런데 파드마가 보낸 독수리가 날아와서 해독제를 잡아채 갔습니다. 이제 더 이상 손을 쓸 수 없게 된 베휼라는 큰 슬픔에 잠겼습니다. 찬드와 그의 아내 사네카도 일어나서 비로소 아들의 죽음을 확인했습니다.

"얘야, 이제 우리가 할 수 있는 건 없는 것 같구나. 우리 애를 화장해서 좋은 곳으로 보내 주자꾸나."

부부가 아들의 시신을 화장하자고 제안했지만 베휼라는 완강히 거부했습니다.

"저는 이 사실을 받아들일 수 없습니다. 신들에게 가서 따져 보기라도 해야겠습니다. 도대체 왜 제게 이런 운명을 주었는지 말입니다."

베휼라는 이렇게 말했습니다. 부부도 더는 말리지 못했습니다. 바나나 나무로 만든 뗏목에 남편의 시신을 얹고 신들이 있는 곳을 향해 먼 항해를 시작했습니다. 그녀가 강을 떠날 때 오빠들이 달려와 모험을 포기하고 집으로 돌아가자고 애원했습니다. 그녀는 눈썹 하나 까딱하지 않았습니다.

결국 부두에서 부두로 항해가 시작되었습니다. 그때마다 파드마가 온갖 방식으로 베휼라를 유혹하거나 괴롭혔습니다. 베휼라의 시아버지 찬드가 경배를 거부했을 때 퍼부었던 저주를 그녀에게도 고스란히 전해 주려는 것이었죠.

파드마는 집시 모습으로 변장해 베휼라에게 팔찌를 건넸지만 그녀는 받지 않았습니다. 어떤 부두에서는 한 무리의 청년들이 달려와 그녀에게 해를 입히려고 했지만, 그녀는 그들을 저주하여 댕댕이덩굴로 만들어 버립니다. 어떤 부두에서는 거인이 그녀를 납치해 강제로 결혼하려고 했습니다. 그러나 그녀는 기지를 발휘하여 거인을 야자수로 만들어 버립니다. 그렇게 온갖 시련을 겪으며 항해를 계속한 그녀는 마침내 하늘에 이르는 길을 찾아냅니다.

오랜 항해 끝에 베휼라는 부두에서 어린아이와 함께 빨래하는 여인을 보았습니다. 그런데 아이가 짜증을 부리자 여인은 아이를 때려 죽였습니다. 베휼라는 너무 놀라 말을 잇지 못했습니다. 그러나 할 일을 끝내자마자 여인은 아이를 다시 살려 냈습니다. 베휼라는 그녀가 신성한 사람이라는 것을 깨닫고 도움을 요청했습니다.

나중에야 베휼라는 그녀가 파드마의 친구이자 신들의 세탁부인 네토라는 사실을 알았습니다. 네토는 자기 힘으로 락슈민다르를 살려 보려고 했지만 실패했습니다. 물론 파드마가 또 방해했기 때문이었죠.

베휼라는 네토와 함께 하늘나라에 도착해서 여신 두르가 앞으로 갔습니다. 베휼라가 여신에게 칼리다하 호숫가에서 그녀의 축복을 받은 사실을 상기시켰습니다. 두르가는 기꺼이 그녀를 돕겠다고 나섰습니다. 그래서 심부름꾼을 시켜서 파드마를 데려오게 했습니다.

파드마는 베휼라를 모르는 척했습니다. 그러나 베휼라가 남편을 죽인 뱀을 증거로 내세우자 자기가 한 일을 인정할 수밖에 없었습니다. 두르가의 중재로 파드마는 베휼라의 남편과 그의 여섯 형들을 되살려 준다는 데 합의했습니다. 단, 조건이 하나 있었습니다.

파드마는 두르가에게 조건에 대해 말했습니다.

"이 모든 일의 발단에 찬드가 있습니다. 찬드가 나를 무시하고 경배하지 않아서 생긴 일들입니다. 나는 마땅히 경배받을 자격이 있다고 생각합니다. 그러니 찬드가 내게 경배의 표시로 공물을 바친다는 조건을 받아들여야 합니다. 이것만이 내 조건입니다."

베휼라는 자기가 나서서 찬드로 하여금 공물을 바치게 할 것이라고 약속했습니다.

베휼라는 귀국길에 올랐습니다. 고향에 도착하자 그녀는 찬드가 파드마에게 공물을 바쳐야만 아들을 살릴 수 있다는 약속을 상기시켰습니다. 결국 찬드가 그 의식을 치르자 죽었던 아들들이 다시 살아났습니다. 베훌라도 남편을 다시 만날 수 있었지요.

이 신화는 힌두교 주류 신앙과 벵골의 토속신앙이 부딪치면서 빚어내는 갈등을 바탕으로 형성된 것입니다. 힌두교 신앙이 인도 아리안족과 브라만 계급 그리고 남성의 이익과 관심을 반영하는 데 비해, 이 신화는 상대적으로 소외된 민족과 아래 계급 그리고 여성에 대해 각별한 관심을 보여 주고 있습니다.

물론 힌두교 주류 신앙의 반발이 만만치 않습니다. 여기서도 마지막 장면에 찬드가 제 아들들을 살리기 위해 어쩔 수 없이 파드마에게 공물을 바치지만, 그때 오른손 대신 왼손을 사용함으로써 자신의 반발을 드러내지요. 힌두교 전통 사회에서 여신조차 이런 대접을 받는 장면을 통해 일반 여성의 위치는 어땠을지 짐작할 수 있습니다.

여성(딸 혹은 아내)의 목숨을 건 헌신으로 남편이나 부모가 병을 고친다든지 심지어 죽음에서 부활하는 사례는 전 세계 신화에서 심심치 않게 목격됩니다. 우리나라의 「바리공주」도 이러한 모티프를 갖고 있지요. 「마나사」는 벵골에서 오래전부터 거리의 연극으로도 공연되어 꾸준히 사랑받고 있습니다.

죽음과 맞서 싸운 용사
길가메시
- 메소포타미아 -

「길가메시 서사시」는 현존하는 전 세계 신화 중에서도 가장 오래된 신화로 인정받고 있습니다. 그 유명한 호메로스의 「일리아드」 「오디세이」보다 적어도 1,700년이나 앞선 작품으로 전해지고 있지요.

서사시 형태로 전해지는 신화의 내용은 상당히 깊이가 있습니다. 인간 존재의 의미, 삶과 죽음의 문제, 자연과 인간의 관계, 문명의 의의 따위를 두루 다루고 있기 때문입니다. 오늘날의 눈으로도 꽤 버거운 문제를 정면으로 파헤쳐 들어가는 셈이지요.

표현 기법 또한 꽤 뛰어납니다. 철학적이고 추상적인 문제를 눈앞에 보듯 생생하고 구체적으로 다루고 있습니다. 이 서사시 한 편만으로도 인류 최초의 문명이라고 일컬어지는 수메르 문명의 수준을 충분히 짐작할 수 있습니다.

이 서사시는 기원전 2812년부터 126년 동안 메소포타미아의 도시국가 우루크를 통치했던 길가메시 왕의 모험을 그리고 있습니다. 열한 개의 점토판에 기록되어 있던 것을 19세기 중반에야 발굴했는데, 쐐기문자로 적힌 그 내용을 처음 해독했을 때 서양에서는 굉장한 충격을 받았습니다. 무엇보다 그곳에 적힌 대홍수 이야기 때문이었습니다. 그 내용이 기독교 성서에 나오는 노아의 방주와 거의 유사했기 때문입니다.

게다가 「길가메시 서사시」는 성서보다도 수백 년을 앞서기 때문에 학자들 사이에서는 혹시 이 서사시가 성서에도 어느 정도 영향을 주지 않았을까 하는 의문이 일었던 것입니다.

아무튼 이 서사시는 인간이 어째서 신화를 만들어 냈는지 그 근본적인 의문에 대해서도 정직하게 답을 하고 있습니다. 죽음에 대한 공포가 바로 그 답이죠.

아무리 훌륭한 인간이라도 언젠가는 죽고, 아무리 뛰어난 문명이라도 언젠가는 사라지게 마련입니다. 그렇다면 대체 인간은 왜 사는 것일까요? 그리고 어떻게 살아야 할까요? 인간이 만든 문명이란 것은 또 무슨 의미가 있을까요?

우루크의 왕 길가메시는 이렇듯 인류의 가장 기본적이면서도 중요한 문제를 제기하고 그에 대해 해답을 얻기 위해 노력합니다. 그의 모험이 대체 어떤 의미를 지니고 어떻게 마무리될지 자취를

좇아가려 합니다. 매우 중요한 신화이기 때문에 상대적으로 길게 정리했습니다.

길가메시

수메르의 도시국가 우루크의 왕 길가메시는 3분의 2는 신이었고 3분의 1은 인간이었습니다. 그는 키가 4미터를 넘고, 붉은 이마, 들소의 눈, 보리처럼 치뻗은 머리카락, 청금석 같은 수염을 갖고 있었습니다.

길가메시는 자신의 권위와 힘을 믿고 제멋대로 행동했습니다. 백성들에게 힘든 일을 시켰고, 제 마음에 들지 않으면 마구 매를 때렸습니다. 우루크의 어떤 젊은이도 그를 당해 낼 수 없었습니다. 심지어 그는 결혼을 앞둔 우루크의 신랑 신부들에게도 욕심을 부렸습니다. 가는 데마다 이렇게 거침없이 제 힘을 과시했지요. 우루크에 원성이 자자했습니다.

마침내 그 원성이 하늘을 찌르자 신들은 황급히 대책 회의를 가졌습니다.

"길가메시의 오만함과 방탕함이 하늘에 이르렀습니다. 이대로 그냥 두고 볼 수만은 없습니다."

"우루크의 평화를 위해 길가메시와 똑같은 짝을 만들어야 합니다. 그래야 그가 감히 신들의 권위에 도전하지 않을 것입니다."

모든 신과 인간의 어머니 신 아루루가 그 임무를 맡았습니다. 그녀는 가장 위대한 신 아누가 생각하는 형상대로 검붉은 흙 한 덩이를 떼어 초원에 떨어뜨렸습니다. 거기서 야생의 인간 엔키두가 탄생했습니다. 그는 온몸이 털로 뒤덮였고 골격부터 남달랐습니다. 힘 또한 장사였지요.

엔키두는 아직 인간의 문명이란 것을 몰라 숲에서 짐승들과 어울려 살았습니다. 길가메시는 자기만큼 힘이 센 사람이 나타났다는 소문을 듣고 신전의 여사제 샴하트를 그에게 보냈습니다. 샴하트는 아름다운 모습으로 엔키두를 유혹했습니다. 그녀에게 홀딱 빠진 엔키두는 여섯 번의 낮과 일곱 번의 밤을 그녀와 함께 지냈습니다.

어느덧 엔키두는 지혜를 갖게 되었습니다. 그는 이제 더 이상 들판의 야수들처럼 지낼 수는 없게 되었지요. 엔키두는 이제 인간의 운명을 떠안게 됩니다. 샴하트는 엔키두를 설득하여 그를 우루크로 데려갔습니다. 소문으로만 듣던 엔키두를 본 순간 길가메시는 기뻐서 어쩔 줄을 몰랐습니다.

"오, 이제야 제대로 겨뤄 볼 만한 상대를 만났도다!"

엔키두 역시 마찬가지였습니다. 결국 길가메시와 엔키두는 손을 맞잡은 채 황소처럼 씩씩거리며 힘을 겨루기 시작했습니다. 누가 앞서고 누가 뒤지고 하지 않았습니다. 쉽게 승부가 나지 않았지요. 그러다가 둘은 정이 들어 친구가 되었습니다. 싸우다가 정이 든다는 말 그대로였지요.

길가메시는 멋진 친구와 함께 아무도 할 수 없는 일을 해 보고 싶었습니다.

"엔키두, 우리가 힘을 합치면 못할 게 없다. 당장 삼목산에 가서 훔바바를 죽이자! 그러면 세상에 우리 이름을 널리 알릴 수 있게 될 것이다."

삼목산은 신들의 산으로 우루크에서 엄청나게 멀리 떨어져 있었습니다. 그곳의 산지기 훔바바는 무시무시한 힘을 지니고 있어서 그때까지 어떤 인간도 삼목산에 발을 들이지 못했습니다. 길가메시는 든든한 엔키두가 있어서 겁나지 않았습니다. 엔키두는 망설였지만 길가메시의 설득으로 여행을 떠났습니다. 신들과 많은 사람이 걱정했지만 길가메시는 들은 척도 하지 않았지요.

길가메시와 엔키두는 다른 사람들 같으면 한 달 반이나 걸릴 거리를 사흘 만에 주파했습니다. 하지만 정작 삼목산에 이르러 훔바바를 만나자 둘은 절로 몸이 떨렸습니다. 포기하고 돌아가고 싶은 마음도 일었습니다.

"이제라도 돌아갑시다."

"그럴 순 없네. 우리는 이름을 널리 알려야 하네."

"이름 같은 게 무슨 소용이란 말입니까? 죽으면 그만이지요."

"네가 이제 와서 돌아간다면 남은 평생 마음이 편하겠어? 인간으로 태어나 가장 중요한 건 이름을 남기는 거야. 그 밖에는 아무것도 중요하지 않아."

길가메시는 다시 한번 엔키두를 설득했습니다. 그렇지만 그 역시 두렵기는 마찬가지였지요. 하지만 그들은 힘을 합치고 꾀를 써서 훔바바를 사로잡을 수 있었습니다. 훔바바는 길가메시에게 매달려 목숨만은 살려 달라고 사정했습니다. 그러나 엔키두는 훔바바를 살려 두면 후환이 생길 거라며 죽일 것을 요구했습니다. 이번에는 길가메시가 망설였습니다. 그러나 엔키두가 뜻을 조금도 굽히지 않아 결국 길가메시는 도끼로 훔바바의 목을 내려쳤습니다.

최후의 순간 훔바바는 엔키두를 저주하며 외쳤습니다.

"너희에게 엄청난 저주를 퍼부을 것이다. 특히 둘 중에 엔키두가 먼저 죽으리라!"

둘은 들은 척도 하지 않고 삼나무 숲을 마구 짓밟았습니다. 그런 다음 훔바바의 목을 들고 우루크로 돌아왔습니다.

아름답고 용감한 왕 길가메시에게 반한 여신 이난나는 의기양양하게 돌아오는 길가메시를 보고 더욱 몸이 달았습니다. 그녀는 길가메시에게 청혼을 했습니다. 길가메시는 이난나가 남편이 있는데도 다른 남자와 스스럼없이 지낸 일들을 일일이 거론하며 단호히 거절의 뜻을 밝혔습니다.

이난나는 자존심이 상해 얼굴이 붉으락푸르락해지며 어쩔 줄을 몰랐습니다.

"이 모욕을 배로 갚아 주겠다! 인간인 주제에 감히 여신인 나를 조롱하다니!"

이난나는 가장 위대한 신 아누를 찾아가 하소연했습니다. 길가메시를 죽여야 하니 하늘의 황소를 달라고 졸라 댔지요. 이난나가 하늘의 황소를 우루크로 끌고 내려오자 나무가 시들고 강이 말라 바닥을 드러냈습니다.

그러자 또다시 길가메시와 엔키두가 나섰습니다. 엔키두가 달려들어 황소의 뿔을 잡고 그사이 길가메시가 황소를 칼로 내려쳐 죽였습니다. 이를 지켜보던 이난나는 분통을 터뜨리면서 둘에게 저주를 퍼부었습니다.

신들은 삼목산을 파헤치고 훔바바를 죽인 것도 모자라 하늘의 황소마저 죽인 길가메시와 엔키두의 행패에 화가 났습니다. 머리를 맞대고 회의한 끝에 둘 중 한 사람에게 벌을 주자는 데 의견을 모았습니다. 결국 엔키두가 그 죄를 뒤집어썼습니다. 그날부터 그는 시름시름 앓더니 정신을 잃고 말았습니다.

엔키두는 꿈을 꾸었습니다. 꿈에서 저승에 다녀온 그는 저승의 모습을 길가메시에게 일러 주었습니다.

"그곳은 온통 어둠뿐이었습니다. 사람들은 누구나 할 것 없이 그 어둠 속에서 진흙과 먼지만을 먹고 있었습니다. 오, 생각만 해도 끔찍합니다. 저는 그곳에 가기 싫어요."

하지만 운명의 신은 그에게 죽음을 안겨 주었습니다. 마지막 순간, 엔키두는 자신에게 인간의 마음을 갖게 한 샴하트를 저주했습니다.

"나를 그대로 놓아두었더라면 이렇게 죽는 일도 없었을 것이오."

그러자 샴하트가 그를 달랬습니다.

"인간이 되어 이룬 많은 것을 기억하세요. 그런 기억이 얼마나 소중한지를요. 무엇보다 우리가 사랑을 나누던 때를 잊지 마세요."

그제야 엔키두는 마음이 편해졌습니다. 그는 소중한 기억을 품에 안은 채 눈을 감았습니다. 자신에게 인간의 문명을 알게 해 준 샴하트와 사랑하는 친구 길가메시를 축복하면서요.

길가메시는 친구 엔키두의 죽음에 통곡했습니다.

"엔키두, 내 친구여! 눈을 떠 보게. 어찌하여 조금 전까지 말하던 그 입을 꾹 다물고 있는가? 죽음이 이런 것인가? 친구와 헤어지고 사랑하는 연인과 헤어져도 아무 말도 하지 못한단 말인가?"

길가메시는 슬픔의 고통을 못 이겨 머리카락을 자르고 옷을 찢어 버렸습니다. 그러면서 다짐했습니다.

"걱정 말게, 친구여! 내가 너를 언제까지고 홀로 두지 않겠네. 어둠의 세계로 혼자 떠난다고 생각하지 마시게."

하지만 하루 이틀 사흘이 지나고 이레가 지나자 엔키두의 사체가 썩기 시작했습니다. 살갗이 부풀고 얼굴에서는 구더기들이 기어 나왔습니다. 그 끔찍한 모습에 길가메시는 기겁하며 뛰쳐나갔습니다.

길가메시는 엔키두의 장례를 성대하게 치러 주었습니다. 엔키두의 동상을 우루크 전역에 세우도록 명령했습니다. 그 후 길가메시는 넝마를 걸치고 머리는 산발한 채 대초원을 방황했습니다. 사랑하는 친구의 죽음을 지켜본 그는 무엇보다 언젠가 자신에게도 닥쳐올 죽음을 두려워했습니다.

길가메시는 대홍수에서 살아남아 인간이면서도 영생을 얻은 아트라하시스에게 가서 그 비결을 듣자고 결심했습니다. 아트라하시스는 신들의 정원 딜문에 살고 있었습니다. 딜문은 지상 천국이었습니다. 그곳에서는 까마귀가 울지 않고 사자가 굶주리지 않으며 늑대가 양을 덮치지 않았습니다. 병에 걸리는 남편이 없었고 슬퍼서 통곡하는 과부가 없었습니다.

길가메시는 딜문을 향해 먼 길을 떠났습니다. 그는 해가 떠오르는 마슈산에 이르렀습니다. 마슈산은 전갈 부부가 지키고 있었습니다. 전갈 부부는 길가메시가 3분의 2는 신이고 3분의 1은 인간이라는 사실을 한눈에 알아보았습니다. 부부가 길가메시에게 이곳까지 오게 된 이유를 묻자 길가메시는 영생하는 인간 아트라하시스를 만나려 한다고 대답했습니다. 부부는 험난한 길이라고 만류했지만 길가메시의 의지를 꺾지는 못했습니다.

다시 길을 나선 길가메시는 어느 해변에 이르렀습니다. 해변에는 여인숙을 지키는 사람 시두리가 살고 있었습니다.

길가메시가 그녀에게 말했습니다.

"내 친구 엔키두는 나와 더불어 온갖 시련을 이겨 내고 살았소. 하지만 끝내 인간의 운명이 그를 덮쳤소. 나는 여섯 날 낮과 일곱 날 밤을 친구를 위해 애도했다오. 나는 그의 코에서 구더기가 기어 나올 때까지 그를 땅에 묻지 않았소. 나는 달라진 친구의 모습을 보고 너무나 두려웠소! 그때부터 나는 대초원을 방황했소. 오, 여인숙을 돌보는 이여, 내가 죽음을 보지 않게 해 주시오. 나는 그것이 정말로 무섭다오!"

시두리는 길가메시에게 영생을 찾을 수 없을 것이라고 말했습니다.

"신이 사람을 만들 때 생명과 함께 죽음을 주었으니, 돌아가 배를 채우고 기쁘게 살고 춤추고 즐기시오. 그러면서 아내와 아이들을 소중히 생각하며 사시오. 그것이 바로 인간이 해야 할 일이라오."

하지만 길가메시는 듣지 않았습니다. 시두리는 신들의 정원에 이르려면 대양을 건너야 하는데 중간에 죽음의 바다가 있어 건널

수 없다고 말해 주었습니다. 그래도 길가메시가 뜻을 굽히지 않자 아트라하시스의 뱃사공 우르사나비를 소개해 주었습니다.

우르사나비는 길가메시에게 노로 쓸 장대를 120개 구해 오게 했습니다. 배는 사흘 만에 죽음의 바다에 다다랐습니다. 노를 한 번 저을 때마다 한 개의 장대가 필요했지요. 장대가 바닥나자 길가메시는 옷을 벗고 스스로 돛대가 되었습니다. 그렇게 해서 길가메시는 드디어 아트라하시스를 만났습니다.

길가메시는 어떻게 영생을 얻게 됐는지 묻자 아트라하시스는 대홍수 이야기를 해 주었습니다. 원래 아트라하시스가 살던 도시는 유프라테스 강둑에 있었습니다. 그곳은 오래된 도시였고 신들도 살고 있었습니다.

그런데 어느 날 신들이 홍수를 일으켜 사람에게 벌을 주려는 결심을 했습니다. 가장 위대한 신 아누는 이 사실을 인간들에게 알리지 말라 명했지만, 인간을 창조한 신 엔키는 아트라하시스의 집 울타리에 대고 그 사실을 거듭해서 일러 주었습니다. 이어 배를 만들어 살아 있는 모든 생명을 태우라고 조언했지요. 그는 신이 시키는 대로 길이와 너비가 같고 지붕이 덮인 커다란 배를 만들어 모든 생명과 일가친척들, 들판의 짐승들을 태웠습니다.

어느 날 아침에는 빵 덩어리가 하늘에서 내리고 밤에는 밀가루가 내렸습니다. 아트라하시스는 때가 왔다는 것을 깨닫고 배의 입구를 막았습니다. 그러자 지평선에서 검은 구름이 몰려왔고, 곧

억수같은 비가 퍼붓기 시작했습니다. 하늘이 뻥 뚫린 듯싶었습니다. 우레의 신이 비명을 지르자 천지가 항아리처럼 깨졌습니다. 신들도 두려워해 잔뜩 몸을 웅크렸습니다. 어머니 신 닌투가 울부짖었습니다. 그녀는 자신이 낳은 인간들이 눈앞에서 휩쓸려 가는 광경을 목격하고 자신의 행동을 후회했습니다.

일곱 째 되는 날에야 홍수가 멈추었습니다. 아트라하시스는 비둘기를 내보냈습니다. 땅을 찾지 못한 비둘기가 돌아오자 이번에는 제비를 내보냈습니다. 제비가 돌아오자 다시 까마귀를 내보냈습니다. 까마귀는 돌아오지 않았습니다. 그제야 아트라하시스는 배를 열어 모든 동물을 풀어 주고 산꼭대기에 제물을 바쳤습니다. 그 냄새를 맡고 신들이 모여들었습니다. 엔릴은 아트라하시스 부부에게 신과 같은 영생을 주고 강들의 원천인 먼 곳에 살게 했습니다.

이야기를 듣고서 길가메시가 애원했습니다.

"나도 그런 영생을 얻고 싶소."

그러나 아트라하시스는 영생이 불가능하다고 말했습니다. 그래도 길가메시는 끈질기게 조르고 졸랐습니다. 아트라하시스는 할 수 없이 방법을 알려 주었습니다.

"영생을 줄 신들을 모으려면 여섯 날 낮과 일곱 날 밤을 잠들어서는 안 되오. 할 수 있겠소?"

"그보다 더한 일인들 어찌 못 하겠소."

길가메시는 자신 있게 대답했습니다. 하지만 길가메시가 자리에 앉자마자 안개같이 잠이 엄습해 왔습니다. 아트라하시스의 아내가 길가메시의 머리맡에 빵을 놓아두었습니다. 길가메시는 잠을 자느라 빵을 먹지 못했지요. 빵은 말라비틀어지고 곰팡이가 슬었습니다. 결국 길가메시는 잠을 이기지 못하고 영생을 얻을 기회를 놓쳤습니다.

"길가메시여, 빵을 세어 보시오. 당신이 잠든 날들이 며칠인지 일러줄 것이오. 다섯 개의 빵은 다 곰팡이가 슬고 상했소. 여섯 번째의 빵은 아직 신선하오. 일곱 번째의 빵을 구울 때 당신이 일어났소."

길가메시는 풀이 죽어 고개를 떨구고 말았습니다. 아트라하시스는 그에게 돌아갈 배를 내주었습니다. 하지만 아트라하시스의 아내는 그를 빈손으로 돌려보낼 수는 없다며 남편을 통해 젊음을 주는 풀에 대해 넌지시 일러 주었습니다.

길가메시는 무거운 돌을 몸에 묶고 물속 깊숙이 들어가 가시에 찔리면서도 그 풀을 뜯어 왔습니다. 이제 그는 영생은 얻지 못했지만 다시 젊은이로 돌아갈 수 있게 되어 마음이 설렜습니다.

길가메시는 뱃사공 우르사나비를 다시 만났습니다. 그는 자신이 그 풀을 어떻게 얻게 되었는지 한껏 자랑했습니다. 그러면서 이렇게 덧붙였습니다.

"나는 이 풀의 이름을 길가메시라 부를 것이오."

길가메시는 회춘의 풀에 제 이름을 붙였습니다. 그런데 수메르어로 길가는 '늙은이' 메시는 '젊은이'라는 뜻이었습니다. 그러니 그 풀은 '늙은이가 젊은이가 되는 풀'이 되는 셈이었죠.

밤이 되어 휴식을 취할 때였습니다. 길가메시는 샘에 가서 옷을 벗고 목욕을 했습니다. 그때 뱀 하나가 다가와 신비로운 풀을 갖고 달아났습니다. 결국 길가메시는 도로 빈손이 되었습니다.

"우르사나비여! 누구를 위해 내 손이 수고했던가! 누구를 위해 내 심장의 피를 흘렸던가! 나는 나 자신을 위한 것을 얻지 못했네."

길가메시의 두 눈에서 굵은 눈물이 주르륵 흘러내렸습니다.

길가메시는 우르사나비와 함께 우루크로 돌아왔습니다. 길가메시는 성벽에 올라가 우르사나비에게 자신의 도시를 보여 주었습니다.

"보시오. 이것이 내가 만든 도시요! 어떻소, 놀랍지 않소? 인간이 이런 도시를 만들었다는 사실이 말이오."

길가메시의 입가에 옅은 미소가 번졌습니다. 그러나 그 미소는 어딘가 공허한 구석이 있는 것 같았지요.

얼마 후, 길가메시는 침대에 누워 두 번 다시 일어나지 않았습니다.

비록 길가메시는 3분의 2가 신이라지만 나머지 3분의 1은 인간입니다. 그래서 어쩔 수 없이 죽음의 운명을 받아들여야 했지요. 그런 그가 죽음에 대한 두려움 때문에 인간으로서는 불가능한 영생에 도전하지만 당연히 실패합니다.

앞에서 적지는 않았지만 길가메시가 아트라하시스를 찾아 모험을 떠날 때 태양신 샤마시는 그의 어리석은 도전을 적극 만류합니다. 영원한 생명을 찾는 모험은 결코 성공하지 못할 것이라 말하면서요. 하지만 길가메시는 도전을 포기하지 않습니다.

그렇다면 그의 도전은 무모했던 것일까요? 그의 모험은 실패한 것일까요? 천만에요. 길가메시는 도전하는 것 자체가 중요하다는 사실을 보여줍니다. 성패를 떠나 한계를 지닌 인간이기 때문에 늘 그 한계를 극복하려고 노력하는 것이야말로 인간으로서 마땅히 취해야 할 자세인 것입니다.

주어진 현실에 만족하고 모험을 두려워한다면 발전은 있을 수 없습니다. 인간은 스스로 끊임없이 문제를 제기하고 스스로 그에 대한 답을 얻고자 노력하는 존재입니다. 그래야 합니다. 세상에서 가장 오래된 신화 역시 우리에게 바로 이 점을 말해주고 있습니다. 그래서 더 감동적이지요.

생각해 볼 점

❶ 신화는 결국 인간이 죽는다는 사실과 가장 큰 관련이 있을지 모릅니다. 인간이 영원히 산다면 신화가 존재하지 않았을지도 모르지요. 필연적으로 죽을 수밖에 없는 인간이 영생불멸을 위해 만들어낸 가장 강력한 무기가 바로 신화라는 점을 생각하며 여러 민족의 신화를 다시 한번 읽어 봅시다.

> **힌트** 과학이 아무리 발달해도 인간의 수명을 무한정 연장하는 것은 불가능할 것입니다. 인간은 누구나 죽음을 두려워하지만 그렇다고 누구나 영생하면 또 어떻게 되겠습니까? 신화는 인간의 필연적인 죽음에 대해서 많은 것을 생각하게 해줍니다.

❷ 신화에서는 죽음이 끝이 아닙니다. 신화는 죽음 너머의 세상에 대해서도 아주 많이 알려줍니다. 어떤 경우 그곳은 끔찍한 지옥이지만, 또 어떤 경우에는 황홀한 낙원이기도 합니다. 세계 각 민족의 신화에 나타나는 다양한 형태의 저승에 대해서 살펴봅시다.

> **힌트** 신화에서는 저승에 다녀온 이 세상 사람들이 적지 않습니다. 우리의 경우 「바리공주」의 바리공주나 「차사본풀이」의 강님이 대표적이지요. 이들의 입을 통해 저승의 모습이 전해지고 있습니다.

참고 문헌

곽진석, 『시베리아 만주—퉁구스족 신화』, 제이앤씨, 2009.
김산해, 『최초의 신화 길가메쉬 서사시』, 휴머니스트, 2005.
김선자, 『중국 소수민족 신화기행』, 안티쿠스, 2009.
나상진, 『오래된 이야기』, 민속원, 2014.
서대석, 『한국의 신화』, 집문당, 1997.
서유원, 『중국민족의 창세신 이야기』, 아세아문화사, 2002.
유원수, 『몽골비사』, 사계절, 2004.
이은구, 『인도의 신화』, 세창미디어, 2003.
조철수, 『수메르 신화』, 서해문집, 2003.
현용준, 『제주도 신화』, 서문당, 1996.
김선자 외, 『남방실크로드신화여행』, 아시아, 2017.

김형수, 「알란 고아」, 『아시아』 제16호, 아시아, 2010.
정재훈, 「북아시아 유목 군주권의 이념적 기초」, 『동양사학연구』 122호, 동양사학회, 2013.
나상진, "이족 4대 창세사시의 서사구조와 신화 상징 연구", (석사학위, 연세대학교, 2010).

나카자와 신이치, 『곰에서 왕으로-국가, 그리고 야만의 탄생』, 김옥희 옮김, 동아시아, 2003.
오오노 야스마로, 『고사기』, 강용자 옮김, 지만지, 2009.
제임스 B. 프리차드, 『고대 근동 문학 선집』, 김구원 외 옮김, 기독교문서선교회, 2016.
체렌소드놈, 『몽골의 설화』, 이안나 옮김, 문학과지성사, 2007.
체렌소드놈, 『몽골 민간 신화』, 이평래 옮김, 대원사, 2001.

Albert J. Carnoy, The Mythology of All Races Vol 6, Marshall Jones Company, 1917.
Basil Hall Chamberlain, Aino Folk-Tales, The Folk-Lore Society, 1888.
Syed Jamil Ahmed, Acinpakhi Infinity-Indigenous Theatre of Bangladesh, The University Press Limited, 2000.
知里幸惠, 『アイヌ 神謡集』, 岩波文庫, 1978.

아시아 신화는 처음이지?

ⓒ 김남일, 2020

초판 1쇄 발행일 2020년 1월 23일
초판 3쇄 발행일 2020년 11월 10일

지은이   김남일
펴낸이   정은영
편집   김정태 최성휘 정사라
마케팅   이재욱 최금순 오세미 김하은
제작   홍동근

펴낸곳   (주)자음과모음
출판등록 2001년 11월 28일 제2001-000259호
주소   (04047) 서울시 마포구 양화로6길 49
전화   편집부 (02)324-2347, 경영지원부 (02)325-6047
팩스   편집부 (02)324-2348, 경영지원부 (02)2648-1311
이메일   jamoteen@jamobook.com

ISBN 978-89-544-4203-9 (44080)
     978-89-544-3135-4 (set)

이 도서의 국립중앙도서관 출판예정도서목록(CIP)은 서지정보유통지원시스템
홈페이지(http://seoji.nl.go.kr)와 국가자료공동목록시스템(http://www.nl.go.kr/kolisnet)에서
이용하실 수 있습니다. (CIP제어번호: CIP2019053305)